우당 이회영

산하어린이 156
우당 이회영
제1판 제1쇄 발행일 2010년 12월 15일
개정판 제1쇄 발행일 2015년 6월 30일
개정판 제4쇄 발행일 2020년 5월 15일

글쓴이 · 정찬일
그린이 · 허구

펴낸이 · 곽혜영
주 간 · 오석균
편 집 · 최혜기
디자인 · 소미화
마케팅 · 권상국
관 리 · 김경숙
펴낸곳 · 도서출판 산하 | 등록번호 · 제300-1988-22호
주소 · 03385 서울특별시 은평구 연서로 26길 27, 2층 (대조동), 대한민국
전화 · (02)730-2680(대표) · 팩스 · (02)730-2687
홈페이지 · www.sanha.co.kr | facebook.com/sanha83
전자우편 · sanha0501@naver.com

글ⓒ정찬일, 2010
그림ⓒ허구, 2010

ISBN 978-89-7650-464-7 74810
ISBN 978-89-7650-500-2 (세트)

＊이 도서의 국립중앙도서관 출판시도서목록(CIP)은 e-CIP홈페이지(http://www.nl.go.kr/ecip)와 국가자료공동목록시스템(http://www.nl.go.kr/kolisnet)에서 이용하실 수 있습니다.
 (CIP제어번호 : CIP2015016574)
＊이 책의 내용은 저작권자나 출판사의 동의 없이 사용할 수 없습니다.
＊8세 이상 어린이를 위한 책입니다.

우당
이회영

정찬일 글 · 허구 그림

| 머리말 |

자신의 모든 것을 겨레에 바친 지도자, 이회영

정말 안타깝고 부끄러운 일이 우리나라에 있었습니다. 오래 전부터 우리를 호시탐탐 노리던 일본의 식민지가 되고 만 것입니다. 온 백성이 헤어나기 힘들 만큼 깊은 슬픔과 분노에 빠졌습니다. 1910년에 있었던 일입니다.

우리나라를 빼앗은 일본은 끈질기고 치밀했습니다. 벼슬과 권력을 미끼 삼아 지도층에 있던 사람들을 자기네 편으로 끌어들였습니다. 그러나 모두가 일본의 술책에 넘어간 것은 아닙니다. 목 놓아 울면서 서슴없이 목숨을 던진 이도 있었고, 나라 안과 밖에서 본격적으로 독립운동의 길로 들어선 이도 많았습니다.

그 중에서도 우당 이회영 선생님의 겨레 사랑은 아주 특별한 데가 있습니다. 형제들과 그 가족들까지 한마음이 되어 잃어버린 나라를 되찾는 운동에 뛰어든 것입니다. 지금으로부터 꼭

100년 전인 1910년 12월 30일은 이들이 비밀리에 압록강을 건너 만주로 망명한 날입니다.

　이회영 선생님을 비롯하여 뜻있는 애국지사들이 세운 신흥무관학교는 이후 숱한 독립운동가들을 길러 낸 요람이 되었습니다. 조선 제일의 명문가이자 최고 부자로 꼽히던 집안에서 이처럼 모든 것을 나라를 위해 바친 일은 역사상 비슷한 예를 찾기가 좀처럼 어려울 것입니다.

　이회영 선생님은 언제나 깨어 있는 분이었습니다. 지체 높은 양반이면서도 일찍이 집안의 노비를 해방시켰고, 일반 백성들에게도 말을 높였습니다. 선생님이 소망했던 것은 나라를 되찾아, 모든 사람이 자유롭고 평등한 세상을 만드는 일이었습니다. 엄청난 고난을 겪으면서도 선생님은 결코 이러한 꿈을 포기하지 않았습니다. 그야말로 절망적인 상황에서도 동지들과 함께 겨레를 위한 한길로 뚜벅뚜벅 걸었습니다.

　이회영 선생님은 끝내 조국의 광복을 보지 못하고 낯선 땅에서 눈을 감았습니다. 하지만 선생님이 품었던 올곧은 정신과 참다운 소망을 이제는 우리가 이어받아야 합니다. 이제는 우리가 그 아름답고 간절한 꿈을 이룰 차례입니다.

2010년 겨울에
정찬일

| 차례 |

머리말
어느 날 사라진 사람들 · 앞이야기 **8**

새로운 세상을 꿈꾸는 소년
조선 제일 명문가의 넷째 아들 · **14**
머슴에게 존댓말을 쓰는 양반 · **24**
여동생 비밀 결혼 작전 · **33**

나라의 운명은 짙은 어둠 속에
쑥대밭이 된 인삼밭 · **42**
친일파 집안과는 사돈을 맺을 수 없다 · **51**
헤이그 특사 이상설과의 맹세 · **58**

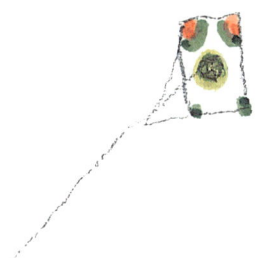

망명의 길 독립의 꿈

육 형제 모두 망명길에 오르다 · 72
원세개와 담판을 하다 · 83
독립군의 고향, 신흥무관학교 · 93
실패로 끝난 고종의 망명 계획 · 101

마지막 혼을 바치다

북경의 삼거두 · 120
아무도 지배하지 않는 세상 · 133
가슴에 칼을 품은 부인 이은숙 · 143
노숙자 신세의 아버지와 아들 · 151
은행 강도 두목이 된 사연 · 161
돌아오지 못한 만주행 · 168

남은 사람들 · 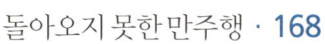 뒷이야기 182
이회영 연보

| 앞이야기 |

어느 날 사라진 사람들

　칠흑같이 어두운 밤이었습니다. 정체를 알 수 없는 사람들의 얼굴에 긴장감이 맴돌았습니다. 영하 30도가 넘는 추위와 매서운 칼바람이 뼛속까지 파고들었지만, 그들의 눈은 압록강 건너 어둠을 바라보고 있었습니다. 망설임도 잠시였습니다. 큰 숨을 들이쉬고는 이내 꽁꽁 언 강 위로 발을 내딛었습니다. 멀리서 배고픈 승냥이 무리의 울음이 바람을 탔습니다. 아이들은 두려움에 부르르 떨며 엄마 손을 꼭 잡았습니다.
　그들은 아무 말도 없었습니다. 어른, 아이 할 것 없이 저마다 크고 작은 짐을 이고 있었습니다. 그리고 조심조심 얼음 위를 일렬로 걸어갔습니다. 달도 별도 없는 어둠 속에서 보이는 거라고는 그들이 내뿜는 하얀 입김뿐이었습니다.

60여 명에 이르는 이 사람들은 도대체 누구일까요? 가족이라 하기엔 너무 많고, 한 마을 사람들이라고 하기엔 적은 그들의 정체는 무엇일까요? 또, 무엇 때문에 춥고 어두운 한밤중에 남의 눈을 피해 국경을 넘으려는 걸까요? 그리고 결국엔 어디로 가려는 것일까요?

무사히 강을 건넌 그들은 아득히 어둠 속으로 사라졌습니다. 지금으로부터 100여 년 전인 1910년 12월 30일, 압록강에서 일어난 일이었습니다.

"이리 오너라!"
"우당 있는가?"

서울의 한복판인 명동에 자리 잡은 이회영의 집에서는 아무리 불러도 인기척이 없었습니다. 매서운 추위에 옷을 벗은 앙상한 은행나무 두 그루만이 손님들을 지켜보고 있었습니다.

"뭐? 모두 없어졌다고?"
"글쎄, 그렇다네. 아이, 여자 할 것 없이 육 형제네 식구가 모두 다 떠났다는구먼. 그뿐만이 아니야. 집이며 토지며 재산도 모두 팔았대."

"아니. 그 양반들이 얼마나 돈이 많은데 재산을 모두 팔아. 엄청난 갑부 아닌가."

"대체 어디로 갔을까?"

"허 참. 하늘로 솟았나, 땅으로 꺼졌나? 수수께끼네. 그려."

우당 이회영의 식구들이 흔적도 없이 사라졌다는 소식이 삽시간에 서울 장안에 퍼졌습니다. 사람들이 이 참판 집 대문 앞에 모여 웅성거렸습니다. 온 나라에서 존경받던 이 참판 집안의 사랑채는 늘 사람들로 북적거렸습니다. 그렇게 북새통이던 집이 어느 날 갑자기 쥐 죽은 듯 고요해진 것입니다. 이런저런 추측만 나돌 뿐, 이들이 간 곳을 아는 사람은 아무도 없었습니다.

궁금한 것은 최남선도 마찬가지였습니다. 빈 집 앞에 서성거리던 최남선은 며칠 전에 있었던 이회영과의 만남을 떠올렸습니다.

"아니 선생님, 이 책들을 왜 저에게······?"

"이제 나에겐. 아니 우리 집에는 필요 없게 되었네."

이회영은 평소에 아들처럼 여기던 최남선을 집으로 불러, 서재에 꽂힌 책들을 다 가져가라고 했습니다. 양반 집안 대대로 전해 온 귀한 책들이어서, 숱한 선비들의 부러움을 샀던 것들이었습니다. 최남선도 이 집에 자주 드나들며 독서삼매에 빠져들곤 했습니다.

"그게 무슨 말씀인지요?"

"나중에 알게 될 걸세. 이 책들은 아무래도 자네같이 글에 뛰어난 젊은이한테 어울리지. 부디 학문에 힘써 위기에 빠진 이 나라를 구하도록 하게."

"네. 무슨 까닭인지 모르겠습니다만, 선생님 말씀을 깊이 새기겠습니다."

그때에도 이회영의 행동이 심상치 않았지만, 이렇게 갑자기 사라지리라곤 짐작조차 못했습니다.

'도대체 선생님 가족은 어디로 가신 걸까?'

새로운 세상을 꿈꾸는 소년

조선 제일 명문가의 넷째 아들
머슴에게 존댓말을 쓰는 양반
여동생 비밀 결혼 작전

조선 제일 명문가의 넷째 아들

"남문을 열고 파루를 치니 계명산천이 밝아온다
에헤 에야 에헤 에야 얼럴럴거리고 방아로다
을축 사월 갑자일에 경복궁을 이룩하세
에헤 에야 에헤 에야 얼럴럴거리고 방아로다 ~"

고종이 왕위에 오른 지 4년째 되는 해의 따뜻한 봄날이었습니다. 경복궁 주변이 왁자지껄 시끄럽고 사람들은 바쁘게 움직였습니다. 궁궐을 짓는 공사가 한창이었습니다. 일꾼들은 자기 손으로 궁궐을 짓는다는 자부심에 노래가 절로 나왔습니다.

경복궁은 조선을 세운 태조 때 만든 궁궐이었습니다. 그러나 아픈 역사를 지닌 곳이기도 했습니다. 임진왜란 때 임금이 한양을 버리고 도망가자, 백성들이 화가 나서 불을 질렀던 것입니다. 그로부터 300년 가까이 지나, 고종의 아버지 흥선대원군이 왕실의 권위를 세우기 위해 다시 짓기 시작했습니다.

하지만 날이 갈수록 일꾼들은 일할 맛이 떨어지고 슬슬 불만이 높아졌습니다.

"돈이 돈 같아야 받지."

"글쎄 말이야. 그놈의 당백전 때문에 쌀값이 여섯 배나 올랐어."

대원군은 경복궁 공사 비용을 마련하기 위해 당백전이라는 돈을 발행했습니다. 그러나 당백전이 발행되자, 갑자기 물가가 뛰었습니다. 쌀은 물론이고 채소와 옷감 값이 모두 올랐습니다. 돈이 넘쳐 나자, 물건 값어치가 그만큼 떨어진 것이었습니다. 그래서 일꾼들은 당백전으로 품삯 받는 것을 꺼렸습니다.

"양반들은 걱정이 없겠지!"

"알기나 하겠어? 당백전이나 펑펑 쓰면 그만이겠지."

지나가던 이유승은 얼굴이 화끈거렸습니다. 집에 가려면 경복궁 공사 현장을 지나야 하기에 그는 날마다 백성들의 볼멘

소리를 들었습니다.

'하루빨리 당백전에 대한 대책을 세워야 할 텐데······.'

이유승은 백성들의 한숨을 등지고 집으로 향했습니다. 그런데 집안 분위기가 요란스러웠습니다. 조금 뒤, 아기 울음소리가 집안에 울려 퍼졌습니다.

"으앙!"

"나리, 도련님이 태어나셨습니다!"

1867년 4월 21일의 일이었습니다.

이유승은 아기의 씩씩한 울음소리가 마음에 들었습니다. 아기 이름을 '회영'으로 지었습니다. 자라면서 회영은 '우당'이라는 호를 갖게 됩니다. '호'란 부르기 쉽고 기억하기 좋게 지은 또 다른 이름입니다. 조선 시대 양반들은 호를 하나씩 가지고 있었습니다.

회영이 태어난 집안은 조선 제일의 명문가였습니다. 임진왜란 때 활약했던 이항복이 10대조 선조였으며, 영조 임금 때 영의정을 지낸 이광좌를 비롯하여 모두 10여 명이나 되는 정승이 나온 가문이었습니다. 이렇게 많은 재상을 배출한 집안으로는 이 가문이 유일했습니다. 회영의 아버지인 이유승도 이조판서

까지 지냈습니다. 판서는 요즘으로 말하면 장관에 해당되는 높은 자리입니다.

"전국의 수령들이 당백전을 제멋대로 쓰고 있다고 하니, 이것을 바로 잡으라!"

대원군은 전국에 암행어사를 내려보냈습니다. 이유승도 암행어사로 임명되어 석 달 동안 평안도 일대를 누비고 다녔습니다. 당백전을 맘대로 쓴 수령 세 명을 찾아내 벌을 주었고, 백성들의 세금을 줄이면서도 나라 살림을 튼튼하게 하는 방법을 내놓아 임금에게 큰 상을 받았습니다.

이유승은 또한 바른말을 두려워하지 않는 신하였습니다. 뒷날, 일본과 을사조약이 맺어졌을 때에도 그는 고종에게 다음과 같은 상소를 올렸습니다.

"신은 지금 머리카락이 곤두서고 가슴이 떨리며 눈물만 흘리고 있습니다. 죽을 곳을 찾으려 해도 찾을 수 없습니다. 아, 어찌하여 저 나라를 팔아먹은 일본의 앞잡이 박제순에게 벼슬을 내리셨습니까! 바라건대 저 역적들을 법으로 다스리고, 조약을 물리친다면 나라가 보존될 것입니다."

을사조약은 대한제국의 외교권을 일본에게 넘기는 불평등 계약이었습니다. 박제순은 을사조약을 맺은 대신들 가운데 한 명이었습니다. 그는 이 대가로 일본으로부터 많은 재물을 받았습니다. 하늘을 나는 새도 떨어뜨릴 만큼 권력도 세졌습니다. 사람들은 속으로만 '나라를 팔아먹은 놈!'이라고 소곤거렸을 뿐. 박제순을 대놓고 욕하지는 못했습니다. 그러나 이유승은 여든이 넘은 나이에도 나라를 위하는 길이라면 목숨 따위는 아랑곳하지 않았습니다. 이러한 이유승의 올곧고 강직한 성품은 자식들에게 고스란히 이어졌습니다.

이유승은 아들 여섯과 딸 하나를 두었는데. 이회영은 그 중 네 번째였습니다. 위로 이건영. 이석영. 이철영이 있었고 밑으로 이시영. 이호영과 여동생이 있었습니다. 이들 남매는 양반 집안의 엄한 가정교육을 받아 품행이 반듯했고, 형제들끼리 사이도 아주 좋았습니다.

"시영아. 빨리 올라와."

회영이 바로 아래 동생을 데리고 지붕에 올라갔습니다. 두 소년의 손에는 연이 들려 있었습니다.

"지붕에 올라갔다가 아버님이나 형님들께 들키면 혼날 거예요."

"여기서 날리면 훨씬 잘 날아."

회영은 동생의 걱정을 물리치고 앞장서 엉금엉금 기어 올라갔습니다.

와장창!

기와 몇 장이 굴러 떨어졌습니다. 시영은 겁이 났지만 형이 하라는 대로 따라갈 수밖에 없었습니다. 마침내 지붕 위에 올라선 형제는 줄을 풀고 연을 날리기 시작했습니다.

"거 봐. 언덕에서 날리는 것보다 훨씬 재미있잖아!"

형제는 시간이 가는 줄 모르고 즐겁게 연을 날렸습니다. 기왓장을 깨뜨린 걱정도 사라졌습니다. 한나절이 지났을까, 멀리서 아버지의 모습이 시영의 눈에 띄었습니다. 시영은 재빨리 연을 거두고 몸을 납작 엎드렸습니다.

"형님, 저기 아버님이 오세요. 빨리 내려가요."

회영의 눈에도 아버지의 모습이 보였으나, 연 날리기를 멈추지 않았습니다.

"형님, 빨리요!"

그러나 이미 늦었습니다.

"회영이, 이놈! 거기서 뭐하는 짓이냐. 빨리 내려오지 못할까!"

아버지의 불호령이 쩌렁 울렸습니다. 어린 형제는 머슴들의 부축을 받으며 간신히 내려왔습니다.

와장창!

내려오면서 기와 몇 장이 또 깨졌습니다. 시영은 울상이 다 되었습니다. 아버지가 혼내려 하자, 회영은 동생을 몸으로 가렸습니다.

"시영이는 잘못이 없습니다. 제가 끌고 올라갔으니 저를 야단쳐 주십시오."

"……."

아버지는 회영의 올찬 태도에 짐짓 놀랐습니다. 이 모습을 숨죽이며 바라보던 형들은 조마조마했습니다.

"위험하니까, 다음부턴 지붕 위에서 연을 날리지 말아라."

크게 혼낼 것 같았던 아버지는 한마디만 하고 방으로 들어갔습니다. 회영은 동생과 형들 사이에 둘러싸였습니다. 형이 말했습니다.

"시영이 말을 들었으면 얼른 내려 왔어야지."

"지붕 위에서 연을 날린 게 맞는데, 아버님 몰래 내려오면 거짓말하는 거잖아요."

둘째 형 석영은 이런 회영이 귀엽다는 듯 머리를 쓰다듬어 주었습니다.

"형제들 사이가 마치 악기들이 서로 맞춰 아름다운 연주를 하는 듯하고, 산앵두나무의 활짝 핀 꽃과 같이 빛나고 고왔다."

이들 형제의 우애를 지켜본 사람들은 이와 같이 칭찬했습니다. 회영은 나이 차이가 적게 나는 동생 시영과 어린 시절을 같이 보냈습니다. 그리고 위로는 둘째 형 석영을 많이 따랐습니다. 석영 또한 거리낌 없는 성격의 열두 살 어린 동생을 누구보다 많이 이해해 주었습니다.

머슴에게 존댓말을 쓰는 양반

챙 달린 검은 모자, 어깨에 멘 긴 총, 그리고 날이 선 빳빳한 군복. 서울에 나타난 일본군은 조선의 군인들과는 완전히 다른 모습이었습니다. 그들은 모자를 푹 눌러쓴 채 사람들을 째려보며 거리를 휘젓고 다녔습니다.

"시영아, 이리 와!"

회영은 일본군에게 다가서려는 동생을 부리나케 불렀습니다. 일본군의 모습은 신기하기보다 왠지 무서웠습니다. 일본이 군함으로 위협해서 강제로 맺은 강화도조약 이후, 조선에는 서양의 문물이 물밀듯이 들어왔습니다. 이제껏 본 적 없는 일본군과 서양인들이 저잣거리에 나타났습니다. 서울 한복판에

사는 이회영은 날마다 이런 모습과 마주쳤습니다.

"부생아신(父生我身)하시고 모국아신(母鞠我身)이로다(아버지는 내 몸을 낳으시고 어머니는 내 몸을 기르셨다)."

조선의 양반집 아이들이 그렇듯, 회영은 어렸을 때부터 한문을 익히며 유교를 배웠습니다. 그러나 유교에는 이회영이 알고 싶은 내용이 없었습니다. 회영은 서양 문물에 대해 궁금한 게 너무 많았습니다.

"신학문 책을 보고 싶어요."

호기심이 많은 소년이 둘째 형에게 말했습니다. 석영은 청나라에서 들어온 책들을 동생에게 구해다 주었습니다. 회영은 목마른 사람이 물을 마시듯 그 책들을 단숨에 읽었습니다. 그러고는 신학문에 푹 빠져 유교 경전을 멀리했습니다.

"못 보던 얼굴인데. 누구지?"

옆집 동부승지 대감댁에서 나오는 아이를 보고 회영이 머슴에게 물었습니다. 그 아이는 촌티가 흘렀습니다.

"충청도 진천에서 올라왔답니다."

아이의 이름은 이상설이었습니다. 상설은 일곱 살 때 양자로

입양되어 서울에 살았는데, 바로 이회영의 옆집이었습니다. 시골에서 올라온 소년은 하나를 알려 주면 열을 아는 수재였습니다. 회영은 상설에게 남다른 관심이 갔습니다. 회영이 나이는 세 살 많았지만, 형 노릇을 하지 않았습니다. 둘은 어린 시절을 함께 보내면서 우정을 쌓아 갔습니다.

"보재, 나는 여준 형님과 절에 들어가 신학문을 공부할 계획이네. 우리랑 같이 가지 않겠나?"

보재는 이상설의 호입니다. 이회영은 신학문을 본격적으로 공부하기로 했습니다. 여준 또한 신학문에 관심이 많은 양반으로, 이들 가운데서 나이가 가장 많았습니다.

"형님들이 가신다면 저도 기꺼이 따르겠습니다."

이리하여 세 명의 젊은이는 서울 정릉에 있는 신흥사에서 신학문을 공부했습니다. 세계사, 물리, 경제, 법학, 수학 등을 공부하고 조선의 앞날에 대해 밤새도록 토론을 했습니다.

회영에게 신학문은 호기심만 채워 주는 지식으로 그치지 않고, 생각과 삶의 태도까지 바꿨습니다. 한번 결심하면 망설임 없이 실천에 옮기는 회영이었습니다.

"저는 과거를 보지 않겠습니다."

회영의 말은 가족뿐만 아니라 벗들에게도 충격이었습니다. 과거를 보지 않겠다는 것은 출세하지 않겠다는 얘기나 마찬가지였습니다. 형들은 이미 과거에 급제하였고, 동생 시영도 열여섯 어린 나이에 합격하여 벼슬에 몸담고 있었습니다. 이상설도 신학문을 공부하고 있지만 과거 급제에 뜻을 품은 터였습니다.

"세상이 이렇게 변하는데 옛 학문을 공부해서 벼슬에 오른들 무슨 소용이 있겠습니까? 저 썩어 빠진 관리들을 보십시오. 저는 백성과 나라를 위해 벼슬이 아닌 다른 길을 가겠습니다."

회영은 조선이 나약해진 것이 관리들 책임이라고 생각하여, 그들을 원수 대하듯 싫어했습니다. 벼슬길에 나서는 시영에게도 목숨을 각오하고 백성을 돌보아야 한다고 다짐받을 정도였습니다.

이상설은 1894년 조선의 마지막 과거에 급제했지만, 그 뒤로도 신학문을 꾸준히 공부하여 높은 지식을 쌓았습니다. 영어와 프랑스어까지 배워, 당시에는 외국어를 잘하는 유일한 양반이었습니다.

이상설이 궁궐에 들어간 뒤로도 둘은 뜻을 같이하는 평생 동지였습니다. 독립운동가들은 두 사람을 가리켜 '간담상조(肝膽相照)'라 했습니다. '간과 쓸개처럼 친한 사이'라는 뜻입니다.

"돌석 아버님 아니십니까? 안녕하신지요?"
"……."

이회영의 인사를 받은 돌석 아버지는 아무 말도 할 수 없었습니다. 그도 그럴 것이, 회영은 신분이 높은 양반이고, 자신은 천한 머슴이었기 때문입니다. 양반이 머슴에게 높임말을 붙이다니! 상상조차 할 수 없던 시대였습니다. 아무리 나이 어린 양반이라고 하여도 "자네 돌석 아범 아닌가!" 하는 정도였습니다. 회영은 일반 백성들에게도 이렇게 대했습니다.

"저 양반, 머리가 어떻게 된 거 아냐?"

사람들이 쑥덕댔습니다. 시영이 그 소문을 듣고 걱정되어 부리나케 달려왔습니다.

"형님, 왜 상놈들에게 존대를 하십니까? 무슨 이유라도 있는 것인지요?"

"사람이 날 때부터 양반과 상놈으로 갈린다는 게 말이 되는

가. 조선이 오늘날 이 모양이 된 까닭도 그 불평등한 제도에 있네."

이회영은 신학문을 공부하면서 사람이 평등하다는 사실을 절실하게 깨달았습니다. 회영은 입으로만 실천하는 사람이 아니었습니다. 과거를 보지 않은 데 이어 노비문서까지 불태워 버린 것입니다.

"보십시오. 이제 노비문서는 없습니다. 여러분은 더 이상 머슴이 아닙니다. 자유의 몸입니다."

머슴들은 어안이 벙벙했습니다. 살을 꼬집으며 꿈인지 생시인지 확인도 해 보았습니다.

"정말입니까?"

"그렇습니다. 살고 싶은 곳에 가서 마음대로 살고, 하고 싶은 것이 있으면 그대로 하십시오. 더 이상 주인 눈치를 볼 필요가 없습니다."

"고맙습니다. 주인 어르신. 고맙습니다!"

머슴들은 눈물을 흘리며 고개를 숙였습니다. 그런데 하나둘씩 짐을 싸서 집을 나간 그들이 얼마 지나 다시 돌아왔습니다.

"저희들은 지금 나가 봤자 갈 곳도 없습니다. 농사지을 변변한 땅도 없습니다. 머슴에서 벗어난 것은 기쁜 일이지만, 당장 입에 풀칠할 걱정이 태산입니다. 나으리, 저희를 다시 받아 줄 수 없으신지요?"

"아차, 내가 그 생각을 못했군!"

이회영은 잠시 생각에 잠겼습니다.

"그럼 이렇게 하지요. 갈 곳이 없는 사람들은 우리 집에 머물면서 집안일을 도와주십시오. 지금부터는 일한 대가를 정당한 값으로 쳐서 드리겠습니다. 그리고 떠나고 싶을 때는 언제든지 떠나십시오."

"그렇게 해 주신다면 결코 은혜를 잊지 않겠습니다."

고종이 단발령을 내렸습니다. 단발령이란 남자들이 여자처럼 머리를 길게 길러 상투를 틀던 것을 자르라는 명령이었습니다. 당시는 유교 사상이 강한 조선 사회였습니다. 몸은 부모에게서 물려받은 것으로서, 머리카락 한 올이라도 함부로 하면 불효라고 생각했습니다. 상투를 자르려는 관리들과, 이를 피해 달아나는 백성들이 밀고 당기는 상황이 온 나라에서 벌어졌습니다. 상투가 잘린 사람들은 대성통곡했고, 그 중에는 자살하는 사람까지 있었습니다.

상투를 자르는 데 앞장선 김홍집은 백성들에게 죽임을 당하기도 했습니다. 그는 이시영의 장인이었습니다. 유교 사상에 젖어 있던 대부분의 양반들은 상투를 자르는 데 반대했습니다. 그러나 사돈의 죽음에도 불구하고 이회영은 상투를 자르는 게 옳다고 말했습니다.

"상투는 과거의 습관이고 건강에도 좋지 않다. 효도와도 관계없다."

그러고는 자신의 상투를 싹둑 잘랐습니다. 가족과 친척들은 이회영의 짧은 머리를 보고 깜짝 놀랐습니다. 그런데 더 큰 일이 벌어졌습니다. 자기 자식과 조카들까지 머리를 짧게 깎아 신식학교에 입학시킨 것이었습니다. 댕기머리 양반집 도련님은 온데간데없고, 집에는 빡빡머리 아이들만 득실거렸습니다. 보다 못해 이석영이 동생을 불러 꾸짖었습니다.

"좋은 일도 정도껏 해야지. 저렇게 아이들 머리까지 흉하게 만들면 어떻게 하느냐!"

"형님. 시대가 변하고 있습니다. 장차 이 나라의 주인이 될 아이들이 새로운 학문을 배워야 하지 않겠습니까."

이회영은 간곡하게 형을 설득했습니다. 사실 이석영도 아이들에게 유교보다는 신학문을 가르쳐야 한다고 생각하고 있었습니다. 이석영도 결국 나중에는 친구들에게 아이들 머리를 깎아 신식학교에 입학시킬 것을 권했습니다.

여동생 비밀 결혼 작전

이회영에게 슬픈 소식이 전해졌습니다. 시집간 여동생의 남편이 죽었다는 것입니다. 이제 여동생은 과부가 되었습니다. 조선 시대에는 과부가 다른 남자와 결혼하는 것을 부끄럽게 여겼습니다. 그러나 이를 가만히 두고 볼 이회영이 아니었습니다.

"친정에 큰일이 있으니 가겠다고 시부모님에게 말씀드려라. 내가 기다리고 있다고 말씀드리고."

장례가 끝나고 며칠 뒤. 이회영은 시집간 여동생 집에 갔습니다.

"오라버니. 집에 무슨 일이 있나요?"

"내 말대로만 하고 채비를 갖추고 나오너라."

여동생은 영문도 모른 채 오빠가 시키는 대로 하고 문을 나섰습니다. 그러나 오빠를 따라가는 길은 친정으로 향하는 게 아니었습니다.

"어디로 가시는데요?"

이회영은 여동생을 자기 집으로 데리고 왔습니다.

"이제부터 내 말을 잘 듣거라. 남편이 죽었다고 여자가 평생 혼자 살아야 할 이유가 없다. 부인이 죽었다고 해서 평생 혼자 사는 남자를 본 적이 있느냐? 내가 혼처를 알아볼 때까지 당분간 여기서 지내라. 그리고 이는 너와 나만 아는 사실이다."

여동생은 오빠의 애틋한 마음이 고마웠지만, 한편으로 두려웠습니다.

"오라버니. 이래도 되는 걸까요?"

"부모님께는 내가 따로 말씀드릴 것이야. 그리고 내게 다 생각이 있다."

며칠 뒤. 깜짝 놀랄 소식이 전해졌습니다. 이 판서 댁의 시집간 딸이 갑자기 죽었다는 것입니다. 이회영은 직접 여동생의 시댁에 가서 이 소식을 알렸습니다. 시부모는 얼마 전까지만 해도 건강하던 며느리의 갑작스런 죽음이 믿기지 않았습 니다.

"아니. 며늘아기가 무슨 일로?"

"미처 손쓸 틈도 없이 갑자기 쓰러졌습니다. 의원 말에 따르면 급체라 하옵니다. 이미 장례도 치렀습니다."

물론 이것은 연극이었습니다. 시부모는 명문가 집에서 거짓말을 하리라곤 꿈에도 생각하지 못했습니다. 이렇게 여동생 시댁 문제를 마무리 지은 이회영은 적당한 혼처를 찾아 동생을 결혼시켰습니다.

며칠 뒤 식구들을 모아 이 모든 사실을 말했지만, 어머니는 이를 믿지 않았습니다. 그래서 이회영은 새로 시집간 누이동생을 만나게 해 주었습니다.

"어험!"

화를 크게 낼 줄 알았던 아버지는 기침 한 번 하는 것으로 그쳤습니다.

'그렇지! 넷째 아이라면 능히 할 수 있는 짓이지!'

하지만 시간이 한참 흐른 뒤 거짓말이 들통 났습니다. 양반들은 입을 모아 이회영을 비난했습니다.

"아녀자가 어떻게 두 남편을 섬길 수 있단 말인가! 그것도 오라버니라는 인간이 앞장서다니. 말세로다. 말세!"

그러나 이회영은 눈 하나 깜짝하지 않았습니다.

이번에는 이회영이 재혼을 할 차례였습니다. 이회영은 열여덟 살 되던 해에 달성 서 씨와 결혼했습니다. 그러나 그 부인은 아들 둘과 딸 하나를 남기고, 병으로 죽고 말았습니다. 이회영은 중매로 이은숙을 만났습니다.

"전통 혼례는 복잡하고 시간도 많이 걸립니다. 교회에서 신식결혼을 올릴까 합니다만······."

이회영은 평소와 달리 말끝을 흐렸습니다. 신부의 허락을 받아야 하기 때문입니다. 이회영의 성품을 익히 알고 있던 이은숙은 다소곳이 고개를 끄덕였습니다.

신식결혼을 한다는 말에 식구들은 마음이 내키지 않았지만, 이회영이 워낙 강하게 밀고 나가 반대할 수가 없었습니다. 결혼식을 올린 곳은 남대문 근처에 있는 상동교회였습니다.

이회영은 기독교 신자가 아니었습니다. 그러나 교회를 좋게 생각했습니다. 사람을 차별하지 않았고, 서양 문물을 가장 먼저 접할 수 있는 곳이었기 때문입니다. 상동교회의 전덕기 목사는 숯을 팔며 살다가 나중에 목사가 된 사람이었습니다. 그래서인지 가난하고 딱한 사람들을 잘 보살펴 주었습니다. 또한 독립협회 회원으로 애국계몽운동에도 앞장섰습니다.

자연스럽게 상동교회는 애국지사들의 사랑방이 되었습니다. 이회영 말고도 김구, 안창호, 주시경, 양기탁 등 수많은 애국지사들이 이 교회에 드나들었습니다. 이회영은 상동교회에서 열심히 활동했지만 높은 자리는 한사코 마다했습니다. 만약 자리에 연연했다면 이미 오래전에 벼슬길에 나섰겠지요. 상동교회의 애국지사 중에는 양반 출신이 드물었지만, 이회영은 거리낌 없이 이들과 사귀었습니다.

"우당 선생께서 이번엔 꼭 공옥학교를 맡아 주셔야 하겠습니다."

상동교회는 민족 지도자를 기르기 위해 학교를 설립했습니다. 이회영은 전덕기 목사의 부탁을 거절할 수 없어 교감으로 취임했습니다. 교사는 이동녕, 주시경 등이 맡았습니다. 이회영은 아들과 조카들을 이 학교에 입학시켰습니다.

그러던 어느 날, 이회영이 전덕기 목사에게 조용히 말했습니다.

"혼례를 예배당에서 치를까 합니다."

전덕기 목사는 깜짝 놀랐습니다. 양반이 교회에서 신식결혼을 할 줄은 꿈에도 생각하지 못했으니까요.

"주례는 목사님께서 맡아 주셨으면 고맙겠습니다."

전덕기 목사는 입을 다물지 못했습니다. 왜냐하면 자기는 이회영보다 여덟 살이나 어렸기 때문입니다. 신랑보다 젊은 사람이 주례를 선다는 것은 아무래도 이치에 맞지 않았습니다.

"여기서 결혼식을 하신다고 하면 저야 기쁘지만, 제가 주례까지 서는 것은 좀⋯⋯."

"목사님은 제가 존경하는 분입니다. 나이가 무슨 상관이 있겠습니까. 제가 새로이 가정을 꾸며 출발하려 하니, 누구보다도 크게 축복해 주시리라 믿습니다."

이회영의 거듭된 간곡한 요청에 전덕기 목사도 더 이상 거절할 수 없었습니다.

딴딴따다 딴딴따다—

1908년 10월 20일, 남대문 근처에 위치한 상동교회에서 결혼행진곡이 울려 퍼졌습니다. 일반 백성들이 가끔 신식결혼을 올리긴 했지만, 양반의 신식결혼은 조선에서 처음이었습니다. 신랑 신부의 결혼 약속 다음으로 젊은 목사의 주례사가 이어졌습니다.

"숯쟁이 출신이 감히 양반의 주례를 보다니, 쯧쯧!"

결혼식에 온 양반들은 영 못마땅했습니다만, 신랑 신부는 그 누구보다 행복한 순간이었습니다.

나라의 운명은 짙은 어둠 속에

쑥대밭이 된 인삼밭
친일파 집안과는 사돈을 맺을 수 없다
헤이그 특사 이상설과의 맹세

쑥대밭이 된 인삼밭

　단풍이 붉게 물들고 하늘은 티 한 점 없이 맑은 가을이었습니다. 청년 세 사람이 서울 남산을 오르고 있었습니다. 가을 나들이를 하기에 딱 맞는 날이었지만, 그들의 얼굴은 어두웠습니다. 아니, 슬픈 얼굴이었습니다. 한 시간 남짓 산에 오르자 중턱에 아담한 정자가 나타났습니다. 빨간 단풍나무 잎들로 둘러싸여 있다 해서 '홍엽정'이라는 이름이 붙은 이 정자는 이회영의 10대조 선조인 이항복이 세웠습니다. 이곳에서는 궁궐과 서울의 모습이 한눈에 들어왔습니다.
　홍엽정에 자리를 잡자 세 사람은 약속이나 한 듯 한숨을 내쉬었습니다.

"슬프기만 하오. 요즘 이 나라에는 크고 작은 일들이 그치지 않고 있소. 명성황후가 처참하게 돌아가시고, 고종 황제께서도 궁궐에서 도망 나와 다른 나라에 기대고 있습니다."

당시 조선은 그야말로 혼란의 소용돌이였습니다. 부패한 사회 질서를 바꾸고 외국의 침략을 물리치기 위해 일어난 동학농민혁명은 외세를 끌어들인 조정에 의해 철저하게 짓밟히고 말았습니다. 그러고 나서 청나라 군대마저 물리친 일본은 이제 자기들 마음대로 조선을 휘둘렀습니다. 우월한 경제력과 군사력을 바탕으로 다른 나라를 집어삼키는 제국주의의 더러운 욕심을 보인 것입니다.

일제, 그러니까 제국주의 일본은 조선의 조정을 압박하여 과거 제도와 노비 제도를 금지했으며 그 밖에도 많은 변화를 강요했습니다. 얼마 뒤 조선은 국호를 '대한제국'으로 바꾸고, 임금이라는 명칭도 황제로 바꾸게 됩니다. 대부분의 사람들이 이런 개혁에 찬성했으나, 일본의 속셈은 따로 있었습니다. 조선을 식민지로 삼기 위해 먼저 500년 전통을 깨트리려 한 것입니다.

일본은 마침내 숨겨 둔 발톱을 드러냈습니다. 궁궐에 침입하여 눈엣가시처럼 여기던 명성황후를 잔인하게 죽였습니다.

고종 황제는 목숨의 위험을 느낀 나머지 급히 러시아 대사관으로 몸을 피했습니다.

이회영은 정자 기둥에 기대어 나라의 현실을 탄식했습니다. 이회영은 바닥에 종이 한 장을 펼치고 글을 썼습니다.

'백성들이 깨달아야 나라가 산다.'

"맞는 말씀이오. 나라가 이 지경인데도 조정의 신하들은 자기들 이익만 생각하고 있소. 나라가 망할 징조입니다. 백성들이 이 나라의 주인임을 깨닫게 하는 일이 시급합니다."

"맞습니다."

이상설과 여준은 이회영의 글에 맞장구를 쳤습니다.

"좋습니다. 우리가 그 일을 합시다!"

신학문을 함께 공부하던 동지인 이회영, 이상설, 여준은 홍엽정에서 이렇게 맹세했습니다. 사실 백성이 나라의 주인이라는 것은 매우 위험한 생각이었습니다. 왜냐하면 그때까지는 왕이 나라의 주인이었기 때문입니다. 그러나 시대는 변하고 있었습니다.

이회영은 먼저 이상설의 사랑방을 서재로 만들어 사람들을 모았습니다. 그곳에서 백성을 깨우치기 위한 사업을 계획했습니다. 그런데 아무리 훌륭한 계획이라도 돈이 있어야 했습니다.

"내가 자금을 마련하려고 준비한 게 있소."

이회영의 말에 서재는 찬물을 끼얹듯 조용해졌습니다.

"우당. 무엇이오? 뜸들이지 말고 말해 보오."

"실은 육 년 전부터 개성에서 인삼을 기르고 있었소. 인삼을 캐어 팔면 적잖은 돈이 마련될 것 같군요."

사람들은 크게 기뻐하며 박수를 쳤습니다.

인삼은 손이 많이 가고 조금만 잘못되어도 죽기 때문에 기르기가 까다로운 작물입니다. 게다가 수확하려면 6년을 기다려야 하지요.

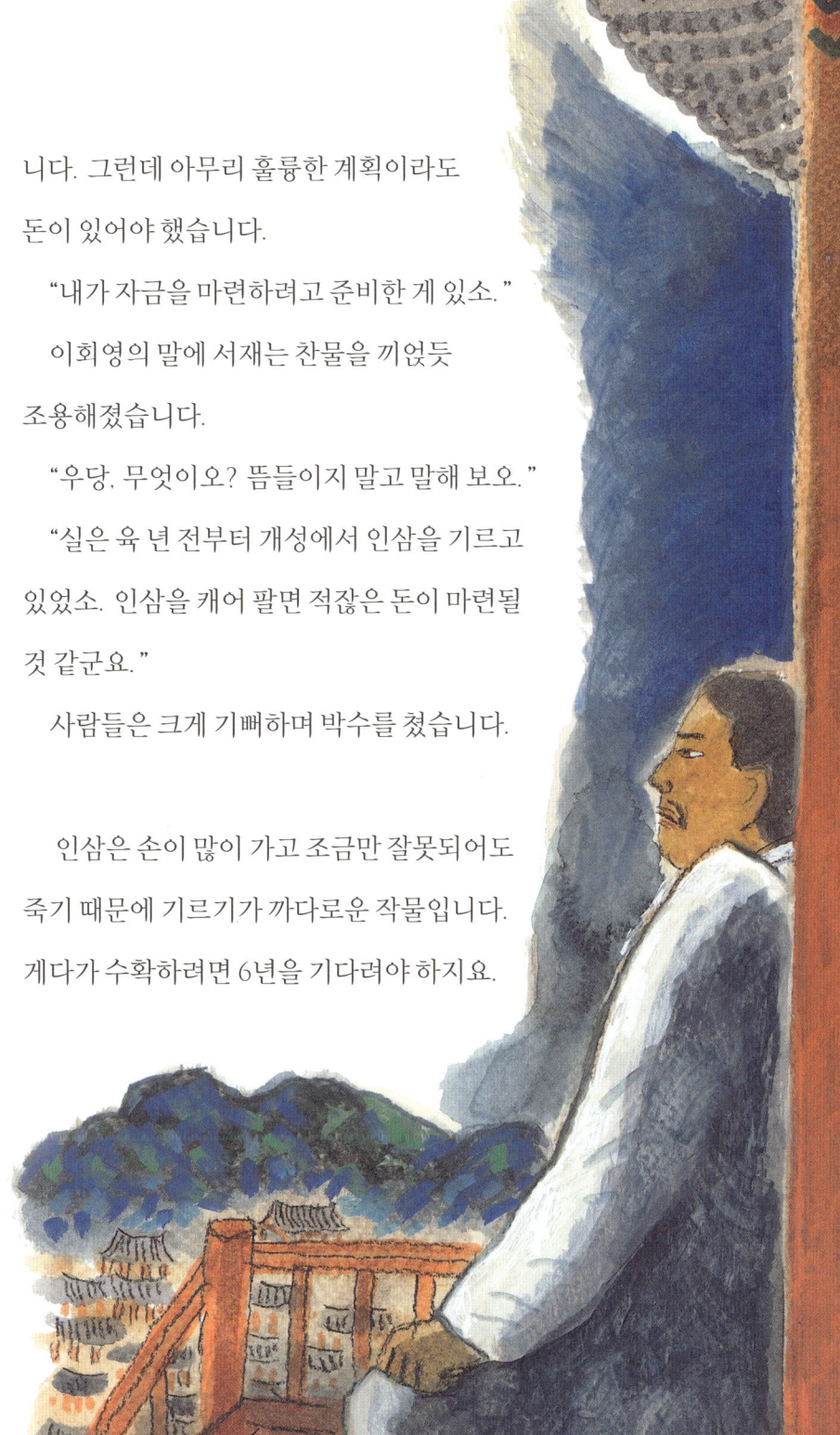

하지만 조선 인삼은 예로부터 효험이 좋아 중국이나 일본에서도 알아주었습니다. 조선 인삼 중에서도 으뜸이 바로 개성 인삼이었습니다. 그래서 개성 인삼은 아주 비싼 값에 팔렸습니다.

이회영은 조상들의 묘가 있는 개성에 인삼밭을 마련했습니다. 그리고 아무도 모르게 서울에서 개성을 수시로 드나들었습니다.

"저 나리는 인삼하고 무슨 이야기를 저렇게 나누는가? 어떤 때는 기도하는 것 같아."

이회영으로부터 인삼 농사를 부탁받은 일꾼들도 이회영의 정성에 감동받아 부지런히 일했습니다. 덕분에 인삼은 무럭무

럭 잘 자랐습니다. 이윽고 인삼을 수확할 때가 가까워졌습니다. 그런데 동지들에게 자신의 계획을 말하고 며칠 뒤, 개성에서 급한 연락이 왔습니다.

'인삼을 도둑맞음.'

이회영은 말을 타고 개성으로 달렸습니다. 인삼밭에 도착한 그는 자기 눈을 믿지 못했습니다. 밭이 온통 발자국으로 파이고 뜯겨진 잎사귀들이 나뒹굴었습니다. 닷새 뒤에 캐기로 한 인삼은 한 뿌리도 남아 있지 않았습니다. 이회영은 털썩 주저앉았습니다. 가슴을 후비는 슬픔과 함께 참을 수 없는 분노가 끓어올랐습니다.

"아. 이게 어떤 인삼인데. 어떻게 키운 건데!"

반드시 도둑을 잡아야 했습니다. 개성경찰서에 신고를 했는데, 어찌된 일인지 일본인 경찰은 오히려 이회영에게 트집을 잡았습니다.

"내가 보기에 당신은 이미 인삼을 다 캐어 팔고, 도둑맞았다고 거짓말하는 것 같은데?"

이 말을 들은 이회영은 화가 머리끝까지 치밀었습니다.

"무엇이라고! 물건을 찾아 주는 게 당연하거늘 도리어 나를 도둑으로 몰다니. 그게 네놈들이 할 짓이냐!"

이회영은 주먹으로 책상을 힘껏 내리치고 유리창들을 박살 냈습니다. 보통 조선 사람들은 일본 경찰 앞에서 주눅이 들게 마련인데 오히려 꾸짖으니, 일본 경찰도 당황했습니다. 결국 이회영은 공무 집행 방해와 집기 파손 등의 죄로 경찰서에 갇혔습니다.

"저 간악한 일본 놈들을 건드렸으니 우당이 곤욕을 치루겠구나."

이 소식을 들은 사람들은 걱정이 태산이었습니다. 그러나 이상설은 다르게 말했습니다.

"저놈들이 우당을 만만히 본 거야. 보게나, 우당은 분명히 그

도둑놈을 잡을 걸세."

이회영은 며칠 뒤에 풀려났습니다. 그런데 아무리 생각해도 그 일본인 경찰의 태도가 의심쩍었습니다.

'그놈과 얽힌 무슨 사연이 있는 게 틀림없다.'

이회영은 스스로 도둑을 찾아 나섰습니다. 아니다 다를까. 그 도둑은 다름 아닌 개성경찰서의 일본인 고문이었습니다. 그가 이회영에게 죄를 뒤집어씌우라고 일본인 경찰을 부추겼던 것입니다.

"네 이놈. 내가 모를 줄 아느냐! 네놈이 고문과 작당하여 내 인삼을 훔쳐 갔다. 당장 인삼을 내놓아라!"

"나는 모르는 일이오."

일본인 고문의 이름까지 나오자 경찰은 당황해서 발뺌했습니다. 이회영은 일본에서 법을 공부한 사람의 도움을 받아 재판을 시작했습니다. 명백한 증거가 있으므로 재판에서 이겼습니다. 이 인삼밭 사건은 〈대한매일신문〉에 보도되었습니다. 이 소식이 고종 황제의 귀에도 들어갔습니다.

"통쾌하도다! 이회영은 백사 이항복의 후손이 아닌가. 과연 백사의 자손답구나."

고종은 모처럼 환한 웃음을 지었습니다. 고종은 '이렇게 나라가 어지러울 때 필요한 인물'이라며 이회영에게 벼슬을 내렸습니다. 그러나 애초부터 벼슬에 뜻이 없었던 이회영은 끝내 나서지 않았습니다.

재판에서 이겼지만 이회영의 얼굴은 어두웠습니다. 되찾은 인삼 값이 터무니없이 적었기 때문입니다. 계획하던 일을 시작하기에는 많이 모자랐습니다.

"나야 본전 정도라도 찾았으니 다행이오만, 백성들이 당할 고초는 이보다 훨씬 클 것이오. 나라의 앞날이 정말 걱정되지 않을 수 없소."

서재에 모인 사람들도 회영의 말을 듣고 고개를 떨어뜨렸습니다.

친일파 집안과는 사돈을 맺을 수 없다

"우당, 아무래도 조짐이 좋지 않아요."

"보재, 무슨 말씀인지요?"

걱정이 가득한 얼굴로 이상설이 이회영을 찾았습니다.

"지금 이토 히로부미가 인천에 있습니다. 무슨 조약을 맺으러 온 것 같은데, 조선은 이제껏 겪지 못한 큰 피해를 입을 것 같소. 그는 음흉하기 짝이 없는 인물일뿐더러 야망이 대단하다고 들었소."

이상설은 의정부 참찬이어서 궁궐 소식에 밝았습니다. 일본은 러시아와도 전쟁을 벌여 예상을 깨고 승리했습니다. 청나라에 이어 강대국 러시아까지 물리쳤으니, 일본으로서는 조선을 지배하는 데 더 이상 걸림돌이 없었습니다.

"분명히 나라를 망하게 하는 조약이 될 것입니다. 어떻게든 우리가 막아야 합니다."

이회영과 이상설은 계획을 세우고 발 빠르게 움직였습니다. 이들은 대신들을 만나 조약을 체결하지 말 것을 강력히 주장했습니다. 그리고 고종 황제에게도 이 사실을 알렸습니다. 고종 황제도 반대한다고 말했습니다. 이회영과 이상설은 고종 황제의 뜻을 신하들에게 알리느라 잰걸음을 재촉했습니다.

드디어 인천에 있던 이토 히로부미가 서울로 출발했습니다. 그가 내민 조약의 내용은 일본이 대한제국의 외교권을 갖겠다는 것이었습니다. 황제와 대부분의 신하들은 반대했습니다. 그러나 몇몇 친일파 신하들은 이 조약을 찬성했습니다.

"대한제국은 힘이 없으므로 일본의 도움을 받아야 합니다. 일본은 지금 아시아의 강자입니다. 그들의 보호를 받으면 황실이 안전할 것입니다."

그러나 고종 황제는 뜻을 굽히지 않았습니다. 이토는 고종의 허락을 받으려 했으나 번번이 실패했습니다.

"궁궐을 포위하라!"

화가 난 이토는 일본군에게 궁궐을 에워싸라고 명령했습니다. 궁궐을 둘러싼 일본군의 모습에 궁궐 밖이 술렁거리기 시작했습니다.

"저놈들이 강제로 조약을 체결하려는 것 아냐?"

이토는 수십 명의 헌병을 데리고 회의장에 들이닥쳤습니다.

"찬성하지 않으면 당신들 목숨을 책임지지 못한다!"

헌병은 한 사람 한 사람의 목에 칼끝을 겨누었습니다. 한규설과 민영기, 이하영은 끝까지 반대했습니다. 그러나 박제순(외부대신), 이지용(내부대신), 이근택(군부대신), 이완용(학부대신), 권중현(농상부대신)은 적극 찬성했습니다. 이렇게 하여 이토는 결국 을사조약을 맺고 말았습니다.

1905년 11월 17일 이후 대한제국의 외교는 일본이 대신하게 되었습니다. 사실상 우리나라가 일본의 식민지가 된 것입니다. 이렇게 을사조약이 맺어지자 민영환과 조병세는 스스로 목숨을 끊었습니다. 수많은 신하들이 반대 상소를 올렸고, 장지연은 〈황성신문〉에 '시일야방성대곡(是日也放聲大哭)'이라는 글을 써서 울분을 토해냈습니다. '오늘을 목 놓아 크게 운다.'는 이 글을 읽고 백성들도 함께 울었습니다.

이회영은 이상설, 이동녕, 이상재 등과 함께 종로에서 반대 집회를 열었습니다.

"반만년 역사를 가진 우리나라가 망하게 되었습니다. 우리 모두 민영환 공을 따릅시다!"

이상재와 이상설은 머리를 땅에 부딪치며 부르짖었습니다. 시위대의 숫자가 점점 늘어나자, 일본군은 총칼로 위협하여 집회를 해산시켰습니다.

"아니, 박제순이 그럴 수 있단 말인가!"

이회영은 특히 박제순의 배신에 치를 떨었습니다. 이회영 집안과 사돈을 맺기로 한 사이여서 분노가 더했던 것입니다. 이회영의 형제들은 매국노와는 사돈을 맺을 수 없다며 박제순에게 즉각 파혼을 통보했습니다.

"신하된 자로서 을사조약을 막지 못한 책임도 크다. 따라서 벼슬에서 물러나 나라를 구하는 길에 나서야 할 것이다."

며칠 뒤, 여섯 형제들이 한자리에 모인 가운데 이회영은 동생 시영에게 이렇게 말했습니다.

"이제 신하의 자격이 없으므로 형님 말씀대로 사직하겠습니다."

이시영은 을사조약이 강제로 맺어지자 곧바로 벼슬에서 물러났습니다.

온 나라에서 의병들이 봇물 터지듯 일어났습니다. 그러나 최신 무기로 무장한 일본군의 상대가 되지 못했습니다. 제대로 싸워보지도 못하고 가을바람에 떨어지는 낙엽처럼 젊은 목숨들이 스러졌습니다.

'대한제국의 독립은 아주 오랜 시간이 걸릴 것이다. 그러므로 차근차근 꼼꼼하게 준비해야 한다. 지금 억울하다고 일본 놈들에게 대든다면 애꿎은 목숨만 잃을 뿐이다. 무슨 방법이 없을까?'

이회영의 고민은 깊어만 갔습니다. 이상설의 서재에 많은 애국지사들이 모여 조선의 앞날에 대해 이야기를 나누었습니다.

"이제 국내에서 독립운동을 하는 것은 어려울 듯합니다. 그렇다면 일본의 힘이 미치지 않는 해외에 독립기지를 세우는 것이 어떻겠소?"

사람들은 나라 밖에서 독립운동을 벌이기로 의견을 모았습니다. 두만강 건너편의 만주 용정이 적당했습니다. 무엇보다 조선과 가깝고 동포들이 많이 살고 있어, 민족 교육과 독립운동을 함께 펼칠 수 있는 곳이었습니다. 다만 '누가 갈 것인가?' 하는 것이 문제였습니다.

"내가 가리다. 비록 재주는 없지만 이 한 몸 던져서 독립을 이룰 수 있다면 무엇이 아깝단 말이오."

이상설이 결연히 말했습니다. 사람들은 그렇지 않아도 이상설이 제격이라고 생각하고 있었습니다. 외국어가 유창하고 신학문에 밝으며, 인내심도 강해 불모지를 개척하는 데 그만한 사람이 없었습니다. 이상설이 떠나던 날, 이회영은 성문 앞까지 그를 배웅했습니다.

"우당, 지금 가면 언제 올지 기약이 없을 것 같습니다."

이상설은 이회영의 손을 꼭 잡았습니다. 이회영의 눈에 눈물이 고였습니다.

"꼭 다시 만나게 될 것입니다. 독립이 되는 그날 덩실덩실 춤을 춥시다."

이상설은 애써 웃으며 작별인사를 했습니다. 이회영은 그의 모습이 보이지 않을 때까지 우두커니 서 있었습니다. 그것이 조국에서 보는 이상설의 마지막 모습이었습니다.

이상설이 용정으로 가고 나서 이동녕과 여준도 그 뒤를 따랐습니다. 1906년 8월, 이들은 용정에 '서전서숙'을 설립했습니다. 그것은 최초의 해외 독립운동 기지였습니다. 교장을 맡은 이상설은 자신의 재산을 털어 교재와 학용품을 마련했으며, 교과서를 직접 쓰기도 했습니다. 서전서숙이 문을 열었다는 소식이 이 지역에 퍼지자 많은 학생들이 입학했습니다. 서전서숙은 곧 만주에서 민족 교육의 중심으로 자리 잡았습니다.

헤이그 특사 이상설과의 맹세

 이회영은 전덕기, 이동녕, 양기탁과 날마다 교회 지하실에서 비밀 회의를 열었습니다. 언제나 네 명만 참석했기에 교회 안에서도 이 사실을 아는 사람은 거의 없었습니다. 이들은 백성을 깨우치는 운동을 하기 위해 비밀 조직을 만들기로 했습니다. 이름을 '새로운 백성'이라는 뜻의 '신민회'로 지었습니다. 국내 최초의 항일운동 비밀 조직인 신민회는 상동교회 지하실에서 출발한 것입니다.

 신민회는 회원들도 신중하게 뽑았습니다. 이동휘, 김구, 이갑, 여준, 김진호, 김형선, 이관직 등이 새로 들어왔고, 얼마 지나 안창호가 가입하면서 조직이 전국적으로 확대되었습니다.

당시 신문사 기자였던 신채호와 조선의 이름난 청년 작가 최남선도 가입했습니다.

"우당. 올해 사월에 네덜란드 헤이그에서 만국평화회의가 열린답니다."

신민회 설립으로 한창 바쁠 때 양기탁이 소식을 알려 주었습니다. 그는 신문사 주필이어서 바깥세상 사정에 대해 잘 알았습니다. 그 말을 듣는 순간, 무엇인가 번뜩 이회영의 머릿속에 떠올랐습니다.

'세계 평화를 위해 각국의 대표들이 모이는 자리니, 일본의 죄를 알릴 좋은 기회다. 을사조약이 강제로 맺어졌다는 고종 황제의 편지를 헤이그에서 알리면 국제 사회가 우리를 도와줄 것이다.'

이회영은 양기탁과 전덕기 목사에게 자신의 생각을 알렸습니다.

"그거 좋은 생각이십니다. 어서 준비해야겠습니다."

"네. 이 일은 비밀리에 추진해야 합니다. 우당이 수고해 주셔야겠습니다."

먼저 일본의 감시를 피해 고종 황제에게 연락을 해야 했습

니다. 이회영은 독립협회에서 가까이 지내던 궁중 내시 안영환을 몰래 만나 부탁했습니다. 안영환은 틈을 타서 고종 황제에게 물었습니다.

"특사를 보낸다고? 좋은 생각이다. 참으로 좋은 생각이다!"

고종 황제는 고개를 끄덕이며 반겼습니다.

"그런데 누구를 특사로 보낸단 말인가?"

을사조약 이후 충성스런 신하들은 궁궐을 떠났고, 남아 있는 신하들은 대부분 일본의 눈치를 보고 있었습니다.

"이회영이 말하기를, 지금 만주 용정에 있는 이상설이라고 하옵니다."

고종 황제는 무릎을 탁 쳤습니다. 애국심이 강한 것은 물론, 신학문을 잘 알고 외국어가 유창한 이상설이라면 적임자 중에 적임자였습니다.

"아니, 이상설이 만주로 갔느냐?"

"네, 전하. 그곳에서 학교를 설립하여 민족 교육 운동에 애쓰고 있다고 합니다."

"오, 장하도다! 내가 신임장을 써서 줄 터이니 이것을 전달함에 있어 소홀함이 없도록 하여라."

고종 황제의 신임장은 여러 사람의 손을 거쳐 이회영에게 왔습니다. 이회영은 이를 이준에게 주었고, 이준은 가슴에 품고 북으로 달렸습니다. 헤이그 특사 사건은 이렇게 막이 올랐습니다. 블라디보스토크로 온 이상설은 고종 황제의 신임장과 이회영의 편지를 받았습니다.

"보재, 이번에도 어려운 일을 맡게 되었구려. 꼭 성공해서 저 일본 놈들의 만행을 세계에 알려 주시오."

이회영의 편지를 본 이상설은 마음속으로 굳게 다짐했습니다.

'우당, 걱정하지 마시오. 내 기필코 성공하리다.'

그러나 국제 사회는 이들이 예상했던 것보다 냉정했습니다. 온갖 고생을 하며 헤이그에 도착한 특사들은 일본의 방해로 회의장에 들어가지도 못했습니다. 다른 나라들도 일본 눈치를 보느라 도와주길 꺼렸습니다.

결국 헤이그 특사는 그 목적을 이루지 못했습니다. 이준은 화병이 도져 그곳에서 목숨을 잃고 말았습니다. 이회영은 누구보다 크게 실망했습니다. 그리고 고종 황제가 걱정되었습니다. 불길한 예감은 바로 맞아 떨어졌습니다.

"이것은 일본에 대한 선전포고나 마찬가지다."

화가 머리까지 치민 이토 히로부미는 고종을 물러나게 하고, 순종을 황제 자리에 앉혔습니다. 분노한 백성들이 들고 일어났으며, 대한제국 군대가 일본군과 싸웠으나 패했습니다. 일본군의 총에 쓰러져 가는 군인들을 추모하며 이회영은 '시위대 장병을 애도하며'라는 시를 남겼습니다.

장사가 머리에 총을 쏘아 피 흘리니,
꽃다운 이름만큼 민공(민영환)과 함께 하리라.
전군이 모두 죽음을 달게 받았으나
뜨거운 충의 영원히 전해지리다.

일제는 헤이그 특사의 배후를 캐내기 위해 안간힘을 쏟았습니다. 일제는 가장 먼저 해외에 있는 이상설에게 사형을 선고했습니다. 그리고 상동교회를 감시했습니다. 그러나 신민회의 정체를 파악하는 데에는 실패했습니다. 증거를 잡지 못한 일제는 양기탁에게 누명을 씌워 감옥에 집어넣었습니다. 탄압이 심해지자 교회 지하실에 출입하는 사람들의 발길이 뜸해졌습니다. 신민회의 일부 간부들은 해외로 망명했습니다. 이회영도 남몰래 러시아의 블라디보스토크로 향했습니다.

"우당. 우당 아니십니까!"

이상설은 멀리 고국에서 온 벗을 만나자 두 손을 꼭 잡았습니다. 이회영은 이상설이 외국에서 그동안 겪었을 고생을 생각하며 가슴이 메었습니다. 바닷가에 자리 잡은 이상설의 집에서는 밤새 이야기꽃이 피었습니다.

"일본은 조선 반도로 만족할 놈들이 아니오. 조선을 둘러싸고 강대국들끼리 전쟁을 벌일 것 같소. 우리는 힘을 기르고 있다가, 강대국들이 전쟁할 때를 이용해서 독립운동을 펼치면 기회가 있을 것입니다."

이상설의 말을 들은 이회영은 가슴이 뻥 뚫린 것 같이 시원했습니다.

블라디보스토크 앞 바다는 그날따라 유난히 검었습니다. 마치 캄캄한 조국의 현실 같았습니다. 그러나 태양이 어둠을 밀어내듯, 이회영과 이상설은 언젠가 조국에도 광명의 날이 올 거라고 믿었습니다. 두 사람은 굳세게 손을 잡으며 약속했습니다.

"나는 해외에서 조국의 독립을 위해 모든 힘을 기울일 터이니, 우당은 국내에서 온 힘을 쏟아 함께 광복의 큰 뜻을 이룩하도록 합시다."

차마 떨어지지 않는 발길을 돌려 국내로 돌아온 이회영은 신민회를 바탕으로 교육 운동에 힘을 기울였습니다. 일제도 교육 운동까지 간섭할 수는 없었습니다. 양기탁이 석방되어 돌아왔습니다. 일본 경찰이 죄를 뒤집어씌우려 해도 증거를 잡지 못한 것입니다. 신민회는 다시 활기를 찾았습니다. 정주의 오산학교, 평양의 대성학교, 강화의 보창학교, 안동의 협동학교를 비롯해 전국적으로 100여 개에 이르는 학교를 세우거나 지원했습니다. 이들 학교는 일제 강점기 동안 민족 교육 및 독립운동에 커다란 기여를 했습니다.

한편 이회영은 의병 및 대한제국 군인들과 몰래 만나고 있었습니다. 블라디보스토크에서 이상설과 이회영은 독립을 위해서는 싸울 힘을 기르는 게 중요하다고 의견을 모았습니다. 총을 들고 일제와 싸우는 독립군! 이회영이 의병 출신과 군인들을 만난 것은 뒷날을 준비하기 위함이었습니다.

"우리도 이제 일제와 직접 싸울 독립군을 길러야 합니다. 이를 위해 해외에 독립 기지를 건설하고 무관학교를 설치해야 할 것입니다."

1909년 봄. 양기탁의 집에서 열린 신민회 비밀 간부 회의에서 이회영은 자신의 생각을 털어놓았습니다.

"정말 옳은 생각입니다. 그럼요. 힘을 길러야지요. 그래서 일본 놈들을 직접 물리쳐야 하지 않겠소!"

뜻밖에도 이동녕만이 이 의견에 찬성했습니다. 나머지 사람들은 깜짝 놀랐습니다. 신민회는 원래 국민 계몽을 위한 단체였기에 총을 들고 일본과 직접 싸울 생각은 하지 못했던 것입니다. 안창호를 비롯한 많은 간부들은 교육 운동을 계속해야 한다고 주장했습니다. 또한 독립운동 기지를 건설할 자금을 마련할 방법이 없다고 했습니다.

"그 문제라면 어떤 길이 있지 않겠소."

이회영은 이동녕과 함께 동지들을 적극적으로 설득했습니다. 오랜 이야기 끝에 신민회는 해외에 독립 기지를 세우기로 결정했습니다. 10월에는 비밀리에 만주 일대를 답사하기도 했습니다.

1909년 가을, 의병장 출신인 안중근이 만주 하얼빈 역에서 이토 히로부미를 처단했습니다. 10월 26일 오전, 안중근은 기차에서 내린 이토 히로부미를 권총으로 쏘아 맞혔습니다. 조선을 식민지로 삼는 데 앞장섰던 인물을 잃은 일본은 오히려 이 사건을 이용하여 조선을 완전히 빼앗고자 했습니다. 다음 해인 1910년 8월 29일, 일본은 마침내 대한제국을 합병한다고 발표했습니다. 이로써 500년 역사의 조선은 주권을 잃고 역사 속으로 사라지고 말았습니다.

삼천리강산은 나라 잃은 슬픔에 빠졌습니다. 그러나 이회영은 오히려 차분했습니다. 을사조약 이후 대한제국이 일본의 식민지가 되는 것은 시간 문제였기 때문입니다. 이회영은 홀로 홍엽정에 올랐습니다. 궁궐과 서울을 내려다보는 그의 눈에 눈물이 맺혔습니다. 조상 대대로 나라에 공을 세운 집안이었는데, 자기 대에서 조선의 역사가 끊긴다고 생각하니 슬픔이 복받쳤습니다.

그러나 조금 뒤, 그는 주먹을 불끈 쥐었습니다.

'이 정자를 세운 할아버지가 그러셨듯이, 나라를 되찾는 일에 목숨을 바치는 것이 공신의 후예가 할 일이다.'

결심을 한 그의 머릿속에는 말을 타고 만주 벌판을 달리는 독립군의 힘찬 모습이 떠올랐습니다.

'아. 조국의 광복을 되찾을 독립군이여!'

독립운동 기지를 세우는 일을 더 이상 미룰 수 없었습니다. 신민회 회원들은 이회영의 의견대로 만주에 무관학교를 세워 민족 교육과 군사 훈련을 실시하고, 독립군을 배출하기로 했습니다. 각 도의 대표를 정하여 독립운동 기지를 세울 자금을 모으기로 결정했습니다. 황해도는 김구, 평안남도는 안태국, 평안북도는 이승훈, 강원도는 주진수, 경기도는 양기탁이 맡았습니다.

망명의 길, 독립의 꿈

육 형제 모두 망명길에 오르다
원세개와 담판을 하다
독립군의 고향, 신흥무관학교
실패로 끝난 고종의 망명 계획

육 형제 모두 망명길에 오르다

 일제가 조선을 강제로 합병하고 한 달 뒤, 이회영과 이동녕은 만주로 길을 떠났습니다. 지난해에 신민회에서 답사한 곳을 다시 둘러보고, 독립운동 기지와 무관학교를 세울 장소를 정하기 위해서였습니다. 이들은 종이 장사꾼으로 변장했습니다.
 "이거 뱃삯이 너무 많은데요."
 "그냥 받아 두십시오. 대신 한 가지 부탁을 드려도 되겠습니까?"
 "네?"
 "앞으로 많은 사람들이 독립운동을 하러 이곳을 건너올 것입니다. 혹시라도 일본군에게 쫓기는 사람이 돈이 없어 헤엄쳐

건너려 하거든, 그 사람을 배로 강 건너까지 데려다 주십시오."

"그렇게 하겠습니다. 제 힘이 닿는 데까지 독립군을 실어 나르겠습니다."

압록강을 건너면서 이회영은 뱃사공에게 뱃삯을 넉넉히 주었습니다. 그 뱃사공은 이회영과의 약속을 지켰습니다. 뒷날 독립군 사이에서는 돈이 없을 때 실어 준 고마운 압록강 뱃사공 이야기가 널리 퍼졌습니다.

만주에 도착한 이회영 일행은 적당한 장소를 찾느라 바삐 움직였습니다. 일제의 힘이 미치지 않으면서도 조국과 멀리 떨어지지 않은 곳, 조선인들이 많이 살고 있는 곳, 훈련과 교육을 시키기 적당한 곳에 독립군의 터전을 건설하려면 살펴야 할 점이 많았습니다. 마침내 이회영과 이동녕은 그런 장소를 발견했습니다.

"무슨 일 때문일까?"

맏형인 이건영 집에 육 형제가 한자리에 모였습니다. 이회영이 꼭 의논할 일이 있다면서 형제들을 부른 것입니다. 만주에서 귀국한 지 한 달 만이었습니다. 모두 모이자, 이회영은 큰 숨을 쉬었습니다. 평소 거침이 없던 그였기에 이런 모습은 형제들에게 낯설었습니다.

"우리는 대대로 나라에서 녹을 먹은 공신 집안입니다. 나라의 운명과 떼려야 뗄 수 없습니다. 그런데 나라의 산과 강이 왜놈에게 넘어갔습니다. 우리가 왜놈 치하에서 계속 살아간다면 짐승과 다르지 않을 것입니다."

이회영은 잠시 말을 멈추고 물을 한 모금 삼켰습니다. 방 안은 순식간에 조용해졌습니다.

"이에 우리는 나라를 되찾는 일에 전념해야 할 것입니다. 먼저 식구들과 함께 중국으로 가서 터를 잡은 다음, 독립운동을 하는 사람들을 모으려 합니다. 원컨대, 형님과 아우님들은 제 뜻을 헤아려 주십시오."

이회영의 말이 무엇을 뜻하는지 형제들은 잘 알고 있었습니다. 그것은 수백 년 살아온 이 땅을 떠난다는 것. 지금의 편안한 삶을 마다하고 고달픈 망명객이 되어야 한다는 것. 심지어 목숨까지 잃을 수 있다는 뜻이었습니다. 한순간에 결정할 수 없는 문제였습니다. 이회영은 커다란 지도를 형제들 앞에 펼치고 손가락으로 한 군데를 가리켰습니다. 압록강 북쪽. 형제들은 그

곳을 뚫어지게 바라보았습니다. 조국을 떠나면 그들이 살게 될 곳이었습니다.

'할아버지께서는 임진왜란 때 모진 고생으로 임금을 모시고 나라를 구하셨다. 그러나 그 조선은 이제 멸망하였다. 후손으로서 왜놈이 다스리는 이 땅에 어찌 살겠는가!'

형제들은 할아버지 이항복을 떠올리자 가슴에서 무엇인가 불끈 솟아올랐습니다.

"그렇게 하세!"

"형님, 그렇게 하십시다."

형제들은 누가 먼저랄 것도 없이 서로의 손을 잡았습니다.

이회영은 형제들이 눈물 나도록 고마웠습니다. 결심이 섰으니 하루라도 빨리 가야 했습니다. 가장 먼저 재산을 정리했습니다. 일제의 눈을 피하려고 부랴부랴 헐값에 팔아도 많고 많은 재산이라 한 달이나 걸렸습니다. 논밭은 물론이고 조상들 제사를 지내기 위한 땅까지 모조리 팔았습니다.

이렇게 육 형제가 급하게 마련한 돈이 모두 40만 원 정도였습니다. 요즘으로 치면 700억 원에 이르는 엄청난 금액이었습니다. 아무리 명문가라 해도 재산이 이렇게 많을 리 없었습니다. 그 돈의 상당 부분은 둘째 형 석영에게서 나온 것입니다.

이석영은 20여 년 전에 친척인 이유원의 양자로 갔습니다. 경기도 양주에서 한양까지 그의 땅을 밟지 않고는 갈 수 없을 정도로 이유원은 부자였습니다. 하지만 그는 자식이 없었습니다. 그래서 성품이 부드럽고 마음이 깨끗하며 재물에 욕심이 없는 이석영을 눈여겨보고 양자로 삼았던 것입니다.

이유원이 죽자, 이석영은 그 많은 재산을 물려받았습니다. 그리고 뒤에 동생 회영이 돈을 달라고 하면, 많고 적음을 따지지 않고 주었습니다. 이유도 묻지 않았습니다. 동생이 하는 일이면 옳은 일일 거라고 믿었기 때문입니다. 이석영은 자신의 전 재산을 독립운동에 바친 것입니다.

"한꺼번에 움직이면 들통 날 것이니 따로따로 출발하기로 합시다. 그리고 신의주에서 만나지요."

떠나기 전, 형제들은 개성의 선산에 들러 조상들에게 작별인사를 올렸습니다.

"조상들께서 지키신 이 나라가 저희 대에 와서 망했으니, 뵈올 면목이 없습니다. 이제 잃어버린 나라를 되찾고자 먼 길을 떠납니다. 부디 저희 앞길을 굽어 살펴 주십시오."

맏형이 제사를 올린 다음, 가족별로 따로 출발했습니다. 그리고 며칠 뒤 신의주에 한 명도 빠짐없이 모두 모였습니다. 헤아려 보니 모두 60여 명이었습니다. 그들 중에는 이회영이 해방시켜 준 머슴들도 있었습니다.

일행은 짙은 새벽에 압록강가에 도착했습니다. 이 강을 건너면 언제 돌아올지 모릅니다. 떠나기 전에 각오는 했지만, 이제부터 망명객이 된다는 생각에 마음이 울컥했습니다. 그러나 이내 마음을 다지고 압록강 얼음 위로 발을 내딛었습니다.

모두 무사히 국경을 넘은 것을 확인한 이회영은 압록강을 뒤돌아보며 애절한 시를 읊었습니다.

"압록강 물 어느 때 마르리.

이내 한 끓어올라 끊어질 기약 없네!"

"만주로 독립운동하러 갔대. 그것도 육 형제 식구 모두가."

이회영 집안의 식구 모두가 망명한 사실이 뒤늦게 알려지자, 많은 사람들이 충격을 받았습니다. 일제가 받은 충격도 대단히 컸습니다.

"독립운동은 천하고 못 배운 놈들이나 하는 것이다. 조선의 양반들 가운데 독립운동을 하는 이가 누가 있는가?"

그동안 이런 식으로 우겨 댔기 때문입니다. 사실 이런 비아냥거림이 틀린 것만은 아니었습니다. 일본은 강제로 우리나라를 빼앗으면서 양반들에게 벼슬을 주고, 땅과 돈도 많이 주었습니다. 이것을 거절한 양반은 많지 않았습니다. 그런데 조선 양반들의 대표인 이회영 집안이 독립운동을 위해 모조리 망명했으니 일제가 당황하지 않을 수 없었던 것입니다. 그래서 이들이 다만 멀리 이사 간 거라고 얼버무렸습니다.

"과연 백사 이항복의 후손들이시다!"

사람들은 이 사실을 입에서 입으로 옮기기 바빴습니다. 집안

전체가 독립을 위해 망명한 것은 처음 있는 일이었습니다.

"동서 역사상 국가가 망할 때 나라를 떠난 충신이 수백, 수천 명이 넘는다. 그러나 우당 일가족처럼 육 형제 가족 모두가 한마음으로 결심하고 나라를 떠난 일은 여태껏 한 번도 없던 일이다. 장하다! 우당의 형제는 참으로 그 형에 그 동생이라 할 만하다. 이는 백 년의 바람이 되어 우리 동포들에게 모범이 되리라!"

월남 이상재는 육 형제의 망명을 이렇게 칭찬했습니다. 이로부터 얼마 지나지 않아 이회영처럼 가족을 이끌고 망명한 인물이 또 한 명 있었습니다. 경상도 안동 유림의 대표 격인 이상룡이었습니다. 의병 활동을 하던 이상룡은 20만 원이라는 거금을 들고 일가족을 안동에서 만주까지 이주시켰습니다. 그는 나중에 유언으로 "조국이 해방이 되기까지는 내 뼈를 조선에 묻지 말라."고 할 정도로 강직한 인물이었습니다.

압록강을 무사히 건넌 이회영 일행은 십여 일 만에 횡도촌이라는 마을에 겨우 도착했습니다. 혹독한 만주의 눈보라를 뚫고 온 사람들의 몰골은 그야말로 초라하기 이를 데 없었습니다. 얼굴과 발은 동상에 걸려 퉁퉁 부었습니다. 쌀이 없어 좁쌀로

끼니를 때운 탓에 몸은 더욱 무거웠습니다. 얼기설기 지은 토담집은 드센 만주의 겨울바람을 막기에는 부족했습니다. 얼마 전 고향에서의 넉넉한 삶이 어느덧 꿈만 같았습니다.

"오시느라 정말 고생이 많았습니다. 겨울을 여기서 나고, 날이 풀리면 이곳을 떠나 목적지로 갈 것입니다. 조금만 참읍시다. 지금 우리가 겪는 고생은 나라를 잃은 죄 값이며, 조상님들께 사죄를 대신하는 것입니다."

의지가 굳센 이회영이었지만, 지친 가족들을 보니 마음이 아렸습니다.

원세개와 담판을 하다

만주 압록강 북쪽에 자리 잡은 유하현 삼원포의 추 씨 마을. 1911년 어느 봄날, 마을 입구에 뿌연 먼지가 일더니 수십 명의 사람들과 짐을 가득 실은 십여 대의 마차가 나타났습니다. 얼핏 봐서는 먼 길을 온 것 같은데, 그들의 얼굴에는 귀티가 흘렀습니다. 대고산 산자락 아래로 넓은 들이 펼쳐 있는 이 조용한 산골은 낯선 사람들의 출현으로 술렁거렸습니다.

"뭐하는 사람들이지?"

말투로는 한국인들이 분명했지만, 이전에 보았던 사람들과는 사뭇 달랐습니다.

"지나가는 나그네인가?"

그러나 이들은 마을에 도착하자마자 각자의 집으로 흩어져 짐을 풀었습니다. 며칠 전 누군가에게 팔렸던 집들이었습니다. 얼마 뒤에 한 사내가 나타났습니다.

"우리들은 조선에서 왔습니다. 나라를 되찾는 독립운동을 하기 위해 이곳에 왔습니다."

그 사내는 중국말이 서툴렀습니다. 그래서인지 마을 사람들은 그 말을 믿지 않았습니다. 또한 한꺼번에 너무 많은 사람들이 온 것도 불안했습니다.

"우당. 아무래도 마을 사람들의 눈치가 심상치 않소."

"저도 걱정이 되는군요. 그러나 시간이 지나면 괜찮아지겠지요."

이곳은 이회영이 독립운동 기지를 세우기로 점찍었던 곳이었습니다. 뒤로는 산이 있어 급할 때 피하기 좋고, 앞으로 펼쳐진 넓은 평야는 농사를 짓고 군사 훈련을 하기에 알맞았습니다.

이곳 중국인들도 독립운동을 하는 한인들을 많이 이해해 주는 편이었습니다. 그러나 중국인들은 한번 믿으면 끝까지 믿지만, 처음에는 의심이 많은 사람들이었습니다. 이회영 일가의 차림새가 이전의 한국인들과 다른 것도 의심을 사기에 충분했습니다. 심지어 중국을 침략하러 온 일제의 선발대로 의심하기도 했습니다.

"문 열어, 문!"

한밤중에 중국 군인들이 들이닥쳤습니다. 중국말이 서투른 이회영은 종이에 한문을 써서 대화를 나누었습니다.

"무슨 일이오?"

"당신 집에 무기가 있다고 신고가 들어왔소."

마을 사람들의 신고를 받은 군인들이 집안을 뒤져봤지만 무기는 없었습니다.

"우리는 이곳에서 독립운동을 하러 온 조선의 망명객들입니다. 이렇게 짐이 많은 것은 조국이 광복이 될 때까지 여기서 지내기 위해서입니다."

차근차근 설명을 들은 중국 군인은 사과하고 물러났습니다. 그러나 마을 사람들은 이곳에 계속 머물 것이라는 말이 거슬렸습니다. 이회영과 이상룡 일가에 이어 독립운동가들이 속속 도착하기 시작했습니다. 의병 출신과 대한제국 무관이 많았습니다. 국내에서 독립기지가 건설되면 합류하기로 약속한 사람들이었습니다.

"오호, 슬프도다. 사랑하는 조국이여! 차라리 칼을 빼 목숨 끊고 싶지만, 이 한 몸 죽는 것 또한 적이 바라는 바이다. 곡식 끊어 굶어 죽고 싶으나, 나라를 팔고 이름을 사는 일이라 이 또한 차마 할 수 없도다. 언제까지 눈물을 삼키며 치욕을 당할 것인가. 이제 우리는 힘을 길러 조국의 불빛을 밝히겠노라."

300여 명 가까운 사람들이 모였습니다. 이상룡의 말 한 마디 한 마디에 동포들은 눈물을 흘렸습니다. 나라 잃은 설움과 다시 찾고 말겠다는 희망이 함께 어우러졌습니다. 이 자리에서 이회영과 이상룡은 '경학사'를 세운다고 발표했습니다. '농사를 지으며 민족 교육을 실시하는 곳'이란 뜻입니다. 강가의 넓은 땅을 빌려 풀을 베고 논을 만들어 벼농사를 지었는데, 만주에서 벼농사는 이때가 처음이었습니다.

경학사 설립을 마친 이회영과 이동녕은 무관학교를 서둘러 열었습니다. 허술한 옥수수 창고를 간신히 빌려 '신흥무관강습소'라는 간판을 달았습니다. 신민회의 '신' 자에다 힘차게 일어나라는 뜻의 '흥' 자를 붙인 것입니다. 신흥강습소에서는 일반 과목과 함께 군사학도 가르쳤습니다. 그러나 신흥강습소는 예

비학교였습니다. 독립군을 키우기 위해서는 더 큰 시설이 필요했습니다.

경학사와 신흥강습소가 문을 열었다는 소문이 나자 한국인들이 더 많이 몰려들었습니다. 그들은 일제와 악덕 지주에게 쫓겨났거나 독립운동의 뜻을 품은 사람들이었습니다. 어느새 삼원포 곳곳에 한인촌들이 생겨났습니다. 중국인들은 이를 못마땅하게 여겼습니다.

"지금부터는 한국인에게 땅을 팔지 않겠다. 한국인들의 집과 교육 시설 건축도 금지한다."

중국인들은 회의를 열고 이와 같이 결정했습니다. 며칠 뒤에는 한인들을 몰아내자는 격문까지 붙었습니다. 중국인들은 특별한 이유 없이 한인들을 때리고 차별했습니다. 하지만 독립 기지를 세우기 위해서는 땅이 반드시 필요했습니다. 이회영을 비롯한 지도자들이 중국인들에게 간절히 호소했으나 소용없었습니다. 이회영은 이상룡의 동생 이계동과 함께 심양에 가서 동북성 총독인 조이풍에게 사정하려 했지만, 총독은 만나 주지도 않았습니다.

"우당, 이 일을 어쩌면 좋단 말이오!"

이계동은 발을 동동 굴렀습니다. 이회영은 북경으로 발길을 옮겼습니다. 중국의 총리대신인 원세개를 만나 해결하려는 것이었습니다.

"동북성 총독도 우리를 만나 주지 않았는데, 총리대신이 우리를 만나 주겠습니까?"

이계동은 턱없는 일이라며 걱정했습니다. 그도 그럴 것이 원세개는 청나라가 망하자 임시 대총통에 오른, 중국에서 가장 높은 권력자였습니다. 과거로 치면 황제에 버금가는 자리였습니다.

"이 서찰을 총리대신에게 전해 주시오."

이회영은 원세개의 집을 지키는 중국 장교에게 부탁했습니다. 그는 거들떠보지도 않았지만, 이회영도 물러서지 않았습니다. 하는 수 없이 장교는 그 서찰을 받았습니다. 조금 지나 그는 이회영에게 사과하고 원세개 앞으로 안내했습니다.

이회영은 어떻게 원세개를 만날 수 있었을까요? 원세개는 조선과 인연이 깊은 인물이었습니다. 그는 30년 전에 스물 세 살의 청나라 군인으로 조선 땅을 처음 밟았습니다. 그리고 3년 뒤에 청나라 대표로 다시 조선에 와서 청일전쟁 전까지 머물렀습니다. 그는 이때 이회영 집안과 친분을 쌓았던 것입니다.

이회영은 원래 그의 도움을 받지 않으려고 했습니다. 왜냐하면 원세개는 가마를 탄 채 궁궐로 들어와, 고종을 뵈올 때에도 고개를 숙이지 않은 오만한 인물이었습니다. 성격도 음흉해서 자칫 독립운동이 이용당할 수도 있었습니다. 그러나 찬밥 더운밥 가릴 때가 아니었습니다.

"그대는 조선 이판서 댁 아드님이 아니신가? 이거 정말 오랜만이오."

"총리대신 각하. 그러하옵니다. 그동안 안녕하셨는지요."

원세개는 동포들의 운명을 결정할 수 있는 사람이었습니다. 이회영은 최대한 비위를 맞추어 주었습니다.

"저희 집안이 만주로 온 것은 오로지 왜적을 무찌르기 위해서입니다. 예로부터 중국과 조선은 형제의 나라로서 어려울 때 서로 도왔습니다. 입술이 없으면 이가 시린 법으로, 조선의 멸망은 곧 중국에게도 큰 위협이 될 것입니다."

이회영은 일본이 만주를 침략할 것이므로 이를 대비해야 한다는 점도 강조했습니다.

"그대는 무엇을 원하는 게요?"

"지금 만주에 동포들이 나라를 되찾기 위해 모였습니다. 이들이 안전하게 살면서 농사지을 땅을 구할 수 있도록 도와주십시오. 중국인들에게 폐를 끼치는 일은 없을 것입니다. 뒷날 나라를 되찾게 되어도 각하가 베풀어 주신 은혜를 길이 잊지 않을 것입니다."

"그대는 참으로 대인이오. 내 그리하리다. 조선은 우당과 같이 의로운 사람이 있으니 언젠가 반드시 독립을 이룩할 것이오."

원세개는 그 자리에서 도와줄 것을 약속했습니다. '대인'이라는 호칭은 중국인들 사이에 존경의 표시로 쓰이는 말인데, 중국 최고 권력자에게 그런 소리를 들을 사람은 거의 없었습니다. 원세개는 편지를 쓰고 자신이 가장 아끼는 부하인 호명신을 딸려 보냈습니다. 호명신이 나타나자, 중국인과 한국인 모두가 놀랐습니다.

"이 시골구석에 총리대신의 명을 받들고 비서가 왔다고? 그것도 한인들을 위하여?"

한인들한테 해코지 말라는 원세개의 명령이 발표되자 중국인들은 한결 부드러워졌습니다. 한인들을 무시하던 관리들은 오히려 두려워하기까지 했습니다. 한인들은 안심하고 거리를 다니게 되었습니다. 그런데 땅을 구하는 일은 여전히 어려웠습니다. 중국인들은 좀처럼 땅을 내놓으려 하지 않았습니다. 이회영도 더 이상 뾰족한 수가 없었습니다. 이를 보다 못한 호명신이 말했습니다.

"형님, 옆에서 보기가 정말 안쓰럽습니다. 이 마을은 추 씨 성을 가진 중국인들이 조상 대대로 살던 곳이어서 땅을 팔기를 꺼려합니다. 이왕 돈을 주고 살 것이면 다른 데를 알아보는 것이 어떻겠습니까?"

호명신은 이회영이 큰 인물임을 알고 형님으로 모시기로 했습니다. 이회영 또한 중국인과 더 이상 마찰을 빚는 것이 옳지 않다고 생각해 그 말을 따르기로 했습니다.

"동포들이 거주하면서 군사 훈련도 하려면 꽤 넓은 땅이 필요합니다. 적당한 곳이 있을지 모르겠군요."

"저도 군인입니다. 봐 둔 곳이 있으니 함께 가시지요."

호명신을 따라간 곳은 추 씨 마을보다 훨씬 험한 합니하 강 근처였습니다. 강폭이 넓지 않고 깨끗했으며, 강물이 산 주위로 반원을 그리며 흘렀습니다. 산세는 험했지만, 산 아래로 넓은 들판이 펼쳐 있었습니다. 그리고 밖에서는 안이 잘 안 보이고, 안에서는 밖이 잘 보이는 그야말로 천혜의 요새였습니다.

"이렇게 훌륭한 곳이 있을 줄이야! 완벽합니다. 이곳으로 정하겠습니다."

이회영은 호명신에게 감사의 인사를 했습니다. 이회영을 비롯한 애국지사들은 중국으로 귀화 신청을 했습니다. 당시 중국 법에 따르면, 중국인만 땅을 살 수 있었기 때문입니다. 이석영은 혹시라도 중국인들의 마음이 변할까 봐 후한 값을 쳐서 이 부근의 땅을 사들였습니다.

"드디어 이곳에 독립운동 기지를 세울 수 있게 되었다. 조국의 독립과 광복이 이곳에서 시작되는구나!"

1912년 봄부터 신흥무관학교 신축 공사가 시작되었습니다. 중국에 온 지 1년 3개월 만입니다. 이 터를 잡기 위한 이회영의 노력은 동포뿐만 아니라 만주 일대에 널리 퍼졌습니다. 중국인들은 이회영을 '만주 왕'이라고 부르며 존경했습니다.

독립군의 고향, 신흥무관학교

 합니하 강변의 산골짜기에는 봄맞이 산새 소리 대신 땅을 파고, 나무를 패고, 못을 박는 공사 소리가 힘차게 울렸습니다.
 "아이고. 왜 하필 산 중턱에 교실을 지어서 힘들게 하나?"
 "그래야 밖에서 잘 안 보이고, 왜놈들이 쳐들어와도 피하기 쉽잖아."
 "그렇겠군. 자, 빨리 나무를 나르세."
 "영차! 영차!"
 아침저녁으로 바람이 쌀쌀했지만, 일꾼들은 금방 땀범벅이 되었습니다. 모두 동포들이었습니다. 중국인들에게 갖은 설움을 당한 이들은 스스로 공사판에 뛰어들었습니다. 소년들도 돌을 고르고 잔심부름을 하며 한몫 거들었습니다. 아낙들은 새참을 날랐습니다.

"저희도 독립군이 되고 싶습니다."

공사가 막바지에 이를 무렵에 몇 사람이 이회영을 찾아왔습니다. 이회영을 따라 국경을 넘은 머슴들이었습니다. 그들은 곧 문을 열게 될 학교에 입학시켜 달라고 부탁했습니다.

"정말 뜻이 그러하시오?"

"네, 나으리."

그들은 예전처럼 '나으리'라고 불렀습니다. 진작에 머슴의 신분에서 벗어났건만, 옛날 습관대로 한 것입니다.

"그대들은 이제 머슴이 아니라고 몇 번이나 말해야 알겠소! 앞으로도 머슴처럼 굴면 다시는 안 볼 것이오!"

이회영은 크게 꾸짖은 다음, 다시 조용히 말했습니다.

"나라를 찾고자 하는 사람은 누구나 독립군이 될 수 있소. 그대들이 원하면 학교에 입학할 수 있을 것이오."

1912년 7월 20일, 새로운 건물이 세워졌습니다. 우리나라 최초의 독립군 양성 학교가 세워지고, 항일 무장 독립운동의 시대가 본격적으로 열리는 순간이었습니다. 운동장에는 개교를 축하하기 위해 교사와 학생, 동포, 그리고 중국인들까지 많이 모였습니다.

"서북으로 흑룡 대원 남의 영절에
여러 만만 헌헌 자손 업어 기르고
동해 섬 중 어린 것들 품에다 품고
젖 먹여 기른 이 뉘뇨
우리우리 배달나라에
우리우리 조상들이라
그네 가슴 끓는 피가 우리 가슴
좔좔좔 걸치며 돈다."

"엉엉!"

신흥무관학교 교가를 부르는 중에 누구인가 소리 내어 울었습니다. 며칠 전에 이회영을 찾아와 입학시켜 달라고 했던 사람입니다. 평생 머슴으로 살다가 이제 독립군으로서 첫 발을 떼는 벅찬 감정을 억누를 수 없었던 것입니다. 곧이어 여기저기서 흑흑대는 소리가 들렸습니다.

만주에 온 동포들의 고생은 이루 말할 수 없었습니다. 일찍이 겪어 보지 못한 추위는 물론이고 홍역과 풍토병으로 죽는 사람도 많았습니다. 농사라면 자신 있었지만, 중국인들이 땅을 팔려 하지 않아 끼니는 대부분 좁쌀과 강냉이로 때워야 했습니다.

중국인들의 업신여김은 더욱 서러웠습니다. 그러나 나라 잃은 백성들은 하소연할 데조차 없었습니다. 또한 만주 지방을 휩쓸던 마적들은 잔인하기 이를 데 없어 재물을 약탈했으며, 남녀노소 가리지 않고 목숨을 앗아갔습니다. 이회영의 부인 이은숙도 총상을 입었고, 이석영이 납치되는 일까지 있었습니다.

이회영도 눈시울이 붉어져 하늘을 보았습니다. 고국에서의 부귀영화를 다 버리고 만주까지 온 가족들에게 미안했고 또 고마웠습니다. 이 터전을 구하기까지 기울인 노력은 지금껏 그의 인생에서 가장 험난한 여정이었습니다.

그러나 눈물의 행사장은 곧 기쁨으로 가득 찼습니다. 이곳이 나라를 되찾는 씨앗이 될 거라는 희망에 부풀었습니다. 자신들의 손으로 직접 지은 산 중턱의 막사를 자랑스럽게 올려 보았습니다. 정말 고되고 힘든 공사였습니다. 내무반, 교실, 식당, 사무실 등 여덟 개 동이 일렬로 나란히 자리 잡았습니다. 넓고 평평한 운동장은 체력 훈련과 군사 훈련을 하기 좋았으며, 그 앞으로는 강물이 시원하게 흘렀습니다. 이윽고 '신흥무관학교' 간판이 걸리자 사람들은 환호했습니다.

"대한 독립 만세!"

새벽 여섯 시. 기상나팔 소리와 함께 학교 생활이 시작됐습니다. 학생들은 3분 만에 복장을 갖추고 운동장에 모여 체조를 했습니다. 청소에 이어 아침식사를 하는데, 주로 좁쌀에 반찬은 콩장 두어 개가 전부였습니다. 식사가 끝나면, 애국가를 부르고 수업을 받았습니다.

국어, 수학, 중국어, 역사, 지리, 과학, 미술, 체육, 음악 등 배우는 과목은 여느 학교와 같았지만 군사 교육 시간이 가장 많았습니다. 군사 교육을 맡은 사람들은 대한제국 무관학교 출신의 군인들이었습니다. 총검술, 병법, 측정과 폭탄 제조법도 배웠습니다.

산기슭에서 하는 침투 작전과 방어전 훈련 모습은 장관이었습니다. 학생들은 산을 오르락내리락하며 힘찬 함성을 질렀습니다. 다람쥐처럼 재빨리 산을 타는 동안, 입에서는 단내가 났고 구르는 몸은 먼지투성이가 되었습니다. 살이 파이는 부상을 당하기 일쑤였지만 이를 악물었습니다. 일본군에 비해 숫자가 적으므로 산악 지형을 이용한 게릴라전 연습을 많이 했습니다. 만주뿐만 아니라 백두산과 묘향산 등 조국의 지형도 익혔는데, 이는 국내 침투를 준비하는 것이었습니다.

일본 경찰은 독립군을 양성하는 무관학교가 문을 열었다는 소문을 들었지만, 좀처럼 정체를 파악하지 못했습니다. 신흥무관학교는 바깥세상과 철저하게 단절되었습니다. 여기에 입학하기 위해서는 신분이 확실해야 했습니다. 따라서 이 지역의 동포나 독립운동가의 소개로 오는 경우가 많았습니다.

산속 깊은 곳에 묻혀 있는 그곳까지 가기도 어렵고 입학도 까다로웠지만, 독립운동에 뛰어들기 위한 청년들의 발길이 끊이지 않았습니다. 그들을 뒷바라지한 것이 바로 이회영 집안이었습니다. 얼마나 힘이 들고 고된 일이었는지, 이시영의 부인은 과로로 쓰러져 끝내 병상에서 눈을 감았습니다.

신흥무관학교는 1920년에 문을 닫을 때까지 3,500여 명의 졸업생을 배출했습니다. 이곳을 졸업한 학생들은 독립군이 되었습니다. 군사 교육을 받은 그들은 우리나라 독립운동에 커다란 발자취를 남겼습니다. 그들이 없었다면 봉오동전투나 청산리전투처럼 역사에 빛나는 승리는 불가능했을 것입니다. 우리나라가 해방될 때까지 수많은 독립군 부대가 활동했지만, 그들을 하나로 묶어 주는 곳이 바로 신흥무관학교였습니다. 그곳은 독립군들의 고향이었습니다.

실패로 끝난 고종의 망명 계획

"가뭄이 이렇게 심하니 큰일이 아닐 수 없네."

"그러게 말입니다. 서리까지 겹쳐 농작물들이 다 죽었어요."

신흥무관학교가 힘차게 문을 열었지만, 만주는 흉작의 연속이었습니다. 곡식 값이 크게 올랐습니다. 독립운동 기지를 세우기 위한 신민회의 모금 계획은 일제에 발각되어 실패했습니다. 신흥무관학교는 이석영의 재산에 많이 기댔지만, 아무리 돈이 많다 해도 금방 바닥날 게 뻔했습니다. 이회영은 이관직을 서울로 보내 자금을 구하라고 지시했지만, 해가 넘어도 연락이 닿지 않았습니다. 하루라도 빨리 대책을 세워야 했습니다. 그런데 고국에서 급한 소식이 날아왔습니다.

"일본 경찰이 이회영, 이시영, 이동녕, 장유순, 김형선을 체포 또는 암살하기 위해 몰래 형사대를 파견했음. 이 연락을 받는 즉시 피할 것."

그때까지만 해도 만주는 일본이 다스리는 지역이 아니었기에 이들을 체포할 수는 없었습니다. 그래서 발견되면 바로 암살당할 것이 뻔했습니다. 사람들은 이상설이 있는 블라디보스토크로 몸을 피했다가 기회를 엿보자고 했습니다. 하지만 이회영은 생각이 달랐습니다.

"동지 여러분은 그곳에서 보재와 앞날을 도모하십시오. 아무래도 내가 직접 고국에 돌아가서 자금을 구해야겠소. 일본놈들도 내가 직접 가리라곤 미처 생각하지 못할 것이오."

이회영도 이상설이 보고 싶었으나 개인적인 감정은 접어야 했습니다. 사람들이 위험하다며 반대했지만 이회영의 고집을 꺾지 못했습니다. 결국 네 사람은 블라디보스토크로 가고, 이회영은 혼자서 국내로 향했습니다.

압록강을 건너 서울에 도착한 이회영은 예전에 살던 집과 궁궐을 둘러보았습니다. 고스란히 그 모습을 간직하고 있었습니다. 그러나 거리에는 일본식 옷차림을 한 사람들이 넘쳐 났고,

자동차와 전차가 경적을 울리면서 지나갔습니다. 나라 잃은 망명객의 눈에 비친 서울의 모습이 낯설었습니다.

'아, 오백 년 도읍지가 이제 왜적의 도시로 변했구나!'

이회영은 우선 머물 곳을 찾았습니다. 친척들과 신민회에서 같이 활동했던 동지들이 있었지만, 무턱대고 찾아갈 수 없는 노릇이었습니다. 그동안 일제의 앞잡이가 되었을지 모를 일이었으니까요. 강제로 일본과 합병이 되자, 가깝던 사람들 중에도 친일파로 변신한 이가 많았습니다.

"옳거니, 그라면 안심해도 좋겠다."

이회영은 상동교회 시절에 아끼던 제자가 떠올랐습니다. 서울 변두리에 자리 잡은 제자의 집에 도착하니 한밤중이었습니다.

"아니, 선생님 아니십니까!"

제자는 몇 년 만에 나타난 스승이 놀랍고 반가워서 어쩔 줄 몰랐습니다. 이회영은 이 집에서 몇 달 동안 꼼짝도 안 하고 서울에서 할 일을 계획했습니다. 그리고 가장 먼저 이관직을 찾았습니다.

"정말 선생님이 서울에 계시단 말이오?"

이관직은 한걸음에 달려왔습니다.

"선생님께서 어떤 일로 서울에 오셨습니까?"

"자네가 만주를 떠난 뒤로 통 소식이 없지 않은가? 홀로 고생하는 자네를 생각하니 마음이 아팠네. 자네와 함께 자금을 모으고, 애국지사들을 만나 독립운동을 위한 의견을 들으려 하네."

두 사람은 자금을 모을 계획을 짰습니다. 그러나 대부분 이회영이 직접 움직여야만 해결할 수 있었습니다. 머물고 있던 집은 몸을 숨기기에는 좋지만 시내에서 너무 멀었습니다. 몇몇 독립운동가들이 이회영이 머물 곳을 새로 마련해 주었습니다. 이회영은 본격적으로 활동을 시작했습니다. 그러나 그의 귀국 소식이 일제의 수사망에 걸려들었습니다. 일본 경찰이 갑자기 들이닥쳤습니다.

"이회영 선생. 만주에서 무슨 일로 서울에 왔소?"

"산소에 성묘도 하고 친척들을 만나기 위해 들렀소."

일본 경찰은 예상과는 달리 순순히 물러났습니다. 트집을 잡을 게 없었기 때문입니다. 누명을 씌워 체포할 수도 있었지만, 그렇게 되면 이회영이 독립운동을 한다는 사실이 온 나라에 알려지게 될 것입니다. 그들은 굳이 일을 크게 만들 필요가 없다고 판단했습니다. 하지만 더욱 철저하게 감시했습니다.

일본 경찰이 자신의 귀국 사실을 알아채자, 이회영은 더 이상 몸을 숨길 이유가 없어졌습니다. 그래서 좀 더 자유롭게 활동했습니다. 언제나 감시의 눈길이 따라다녔지만, 워낙 빈틈없이 일을 처리해서 꼬투리가 잡히지 않았습니다. 조금이라도 문제가 될 만한 문서는 곧바로 불태우고, 간직할 것은 재떨이 밑에 풀로 붙이거나 땅속에 파묻었습니다. 그리고 잠은 꼭 혼자 잤습니다.

"선생님, 돈이 부족하여 여러 날 잠도 못 자고 걸어왔습니다. 오늘 하룻밤 여기서 묵겠습니다."

블라디보스토크에서 이상설의 편지를 가져온 임경호가 다리를 주무르며 이와 같이 말했습니다. 이상설은 헤이그 특사 사건으로 일제가 사형 선고를 내렸으므로, 그와 연락하는 것만으로도 큰 처벌을 받았습니다.

"여기서 자면 안 되네. 나는 혼자 자는 게 원칙일세. 지금 바로 나가서 여관방을 잡게."

임경호는 기가 막히다는 표정을 지었습니다. 그 먼 길을 달려왔건만, 야박하게 쫓아낸다는 게 이해되지 않았습니다.

"너무 피곤합니다. 한 발자국도 나가지 못하겠습니다."

임경호는 마음이 꼬여 고집을 부렸습니다. 그러나 이회영의 태도가 너무 단호하여 방을 나올 수밖에 없었습니다.

"선생님이 이렇게 정이 없는 분일 줄은 미처 몰랐습니다."

그러나 그날 새벽에 일본 형사들이 이회영의 집에 들이닥쳤습니다. 이상설의 편지를 가진 자가 서울에 나타났다는 정보를 얻은 것이었습니다. 정말 아슬아슬한 순간이었습니다. 그러나 이회영의 집에는 수상한 사람도, 편지도 없었습니다. 허탕을 쳐 화가 난 형사들은 이회영을 다짜고짜 종로경찰서로 끌고 갔습니다.

"블라디보스토크에 있는 이상설은 전부터 선생과 알던 사이인데, 소식은 들었소?"

"그 사람과는 어려서부터 친구이지만, 수천 리 먼 곳에 있는데 어떻게 소식을 듣겠소."

"선생이 만주에서 여러 사람들과 독립운동을 한다면서요? 그리고 서울에서 돈을 모은다고 하던데?"

"돈을 모으는 것은 맞소만, 그것으로 사업을 해서 부자가 되려는 것이오."

"거짓말하지 마시오!"

일본 경찰은 재판도 없이 이회영을 3주 동안이나 유치장에 가두었습니다. 이때 이회영은 유치장에서 자신의 얼굴을 아는 동지를 보았습니다. 자기와 관련되어 갇힌 게 아닌가 생각했으나, 확인할 길이 없었습니다. 이회영은 나무젓가락으로 코를 찔러 피를 낸 다음, 흐르는 피로 종이에 무엇인가 적었습니다. 그리고 간수의 눈을 피해 그것을 건넸습니다.

"아불언군(我不言君)."

'나는 그대를 말하지 않았다.'는 뜻입니다. 그는 피로 적힌 쪽지를 펼쳐 보고 재빨리 감추었습니다. 이회영은 결국 죄가 밝혀지지 않아 나올 수 있었습니다. 이회영의 '코피 쪽지'는 독립운동가 사이에 전설처럼 전해졌습니다. 임경호도 나중에 경찰이 들이닥쳤다는 소식을 듣고 이회영의 깊은 뜻을 깨달았습니다.

"하하하, 역시 우당이로다!"

이상재는 큰 소리로 껄껄 웃었습니다.

"우당. 비록 매국노지만 아직 양심이 살아 있어 자신을 부끄럽게 여기는 사람들이 있을 것이네. 그들을 찾아가면 어느 정도 자금을 얻어 낼 수 있지 않겠나."

이상재는 독립 자금을 모으기가 점점 어려워진다는 이회영의 말에 이와 같은 의견을 냈습니다. 이회영은 동대문에 사는 이 아무개 후작을 떠올렸습니다. 그는 장원급제하여 촉망받던 신하였지만. 지금은 이완용 아래서 친일파 짓을 하고 있었습니다.

"이리 오너라!"

이회영은 대궐 같은 그의 집 문 앞에서 크게 소리쳤습니다.

"각하는 집에 안 계시오."

낯선 남자가 후작을 찾자. 하인은 거짓말을 했습니다.

"집에 있는 줄 알고 왔다. 이유승 대감의 아들 이회영이라고 아뢰라."

조금 뒤. 하인이 허겁지겁 달려와 이회영을 안내했습니다. 일제에게 받은 집은 눈이 부시게 화려했습니다. 멋들어지게 꾸민 정원에는 일본에서 들어온 신기한 식물들이 가득했고, 거실에는 커다란 중국제 가죽 소파가 있었습니다. 심부름하는 여자 하인은 일본의 전통 복장인 기모노를 입고 있었습니다.

"쯧쯧!"

이회영이 혀를 차고 있을 때 집주인이 나타났습니다. 그는 이회영이 독립운동 자금을 모은다는 사실을 알고 있었습니다.

"그대는 내 아버님과 사이가 도타웠고, 황제께도 총애를 받던 조선의 신하였소. 하지만 지금은 일본 놈이 내려준 벼슬인 후작이구려. 그것을 탓하기에는 이미 늦었겠지요. 다만 아직까지 나라를 도울 방법은 있습니다."

"내가 돈이 많다는 것은 소문에 불과합니다. 빈껍데기입니다."

후작은 처음부터 돈이 없다고 잡아뗐습니다. 이회영은 그의 눈을 똑바로 쳐다보았습니다. 후작은 눈을 피했습니다.

"알고 보면 이 대감도 피해자요. 사실 조선 사람치고 일제에 빌붙어 살고 싶은 사람이 누가 있겠소. 그러나 지금 이 부귀영화는 후손들에게 두고두고 손가락질을 받을 것이오. 이 감투가 정말 자랑스럽소?"

"그걸 제가 모르는 바가 아닙니다."

후작은 한숨을 쉬며 대답했습니다. 이회영은 바로 말을 이었습니다.

"나는 대감에게 독립운동을 하라고 하는 게 아니오. 대감이 일본에 협조하는 대가로 받은 재산 중 얼마를 나라를 찾는 데 보태 줄 것을 부탁하려고 온 것입니다. 그렇게 하면 대감도 불편한 마음을 어느 정도 위로받지 않겠소."

"우당의 말을 들으니 입이 열 개라도 할 말이 없을 뿐입니다."

후작은 눈물을 흘리며 자신의 신세를 한탄했습니다. 이어서 이회영에게 거금을 주었습니다. 목적을 달성한 이회영이었지만, 마음이 씁쓸했습니다. 배신자들의 비굴하고 나약한 모습이 오히려 불쌍했습니다. 이런 식으로 독립운동 자금을 모으는 일이 어느 정도 성공하는가 싶더니, 일제의 감시 때문에 더 이상 할 수 없게 되었습니다. 친일파들은 이회영과 만나는 것을 아예 피했습니다.

이회영이 세운 또 다른 중요한 계획은 고종을 해외로 망명시키는 일이었습니다. 일본 관리들은 강제로 행한 한일합병을 고종이 허락한 것이라고 선전했습니다. 하지만 고종이 해외로 망명하여 독립을 선언한다면, 이 모든 것이 거짓으로 드러나게 됩니다. 그러면 아직까지 충성심이 남아 있는 사람들도 뛰어들어 독립운동이 들불처럼 일어날 것 같았습니다.

'이번에는 기필코 고종 황제를 망명시키리라!'

이회영이 이렇게 다부진 마음을 먹은 것은 실패한 경험이 있기 때문입니다. 몇 해 전에 이상설이 블라디보스토크에서 대한광복군을 설립했습니다. 그리고 고종을 망명시키기 위해 사람을 보냈으나, 발각되는 바람에 물거품이 되고 말았습니다. 일본 경찰이 이회영에게 이상설과의 관계에 대해 캐물은 것도 이 때문이었습니다.

'고종 황제가 다시 허락하실까?'

이회영은 고종의 생각을 알고 싶었으나, 고종은 갇혀 있는 처지나 마찬가지였습니다. 일제는 고종을 황제 자리에서 물러앉게 하고, 덕수궁으로 거처를 옮기게 했습니다. 덕수궁에서 홀로 생활하는 황제의 말년은 외로웠습니다. 따라서 고종과 은밀히 접촉할 기회가 좀처럼 없었습니다.

그런데 만주에 사는 부인이 나타났습니다.

"아니, 부인이 어인 일로?"

어린 딸과 함께 부인 이은숙이 서울로 온 것입니다. 1918년 여름이었습니다.

"속히 돌아오겠다고 말씀하시고 떠난 지가 몇 해인데, 아직도 소식이 없어 이렇게 왔습니다."

몇 년 만에 가족을 만난 이회영은 모처럼 단란한 가정을 꾸릴 수 있었습니다.

"부인, 규학의 신부례를 올려야겠소."

어느 날, 이회영이 뜬금없이 부인에게 말했습니다. 장남인 규학은 이회영이 서울로 온 얼마 뒤에 아버지를 따라 국내로 들어왔습니다. 신부례는 신부가 시집 올 때 시댁에 음식을 올리는 조선의 전통입니다. 아들 규학은 이미 3년 전에 결혼했기 때문에 신부례를 한다는 것이 새삼스러웠습니다. 그러나 이은숙은 더 이상 묻지 않았습니다. 남편이 뒤늦게 신부례를 하려는 이유가 따로

있다고 생각했기 때문입니다.

이회영의 며느리인 규학의 아내는 고종의 조카딸입니다. 신부례를 하자면 왕실과 의논해야 하고, 일제도 이를 말릴 이유가 없었습니다. 이회영은 이 틈을 타서 고종과 연락할 참이었습니다.

"와. 음식이 대단하네. 조선 왕조가 망했어도 기품이 아직 살아 있어."

사람들은 궁궐에서 가져온 각종 진귀한 음식에 눈이 홀렸습니다. 궁녀들과 함께 고종 황제의 비서도 이회영의 집에 왔습니다. 이회영은 그의 소매를 잡아당겨 으슥한 곳으로 갔습니다.

"이렇게 때 넘어 신부례를 하는 것은 고종 황제께 꼭 아뢸 말이 있어서입니다."

"네. 말씀하시지요. 우당 어르신 일이라면 바로 따르겠습니다."

이회영은 다시 한 번 주위를 둘러보고 나지막하게 말했습니다.

"고종 황제의 망명을 다시 시도할까 합니다. 황제의 뜻이 어떠신지 여쭈어 봐 주십시오."

"네, 그리하겠습니다."

비서는 그날 바로 고종에게 이회영의 말을 전했습니다.

"지난번 사건도 있으니 조심해서 일을 처리하라. 그리고 민영달에게 연락토록 하라."

고종은 망설임 없이 찬성했습니다.

"황제의 뜻이 그러시다면, 신하된 저로서 다른 무슨 말이 필요하리까. 이 몸 다하는 데까지 황제의 명을 따르겠소."

비서에게 연락을 받은 민영달도 이회영과 고종 망명 계획을 함께 짰습니다. 민영달은 충성심이 아주 높은 신하였고, 재산도 많았습니다. 그들은 고종을 인천에서 몰래 배에 태우기로 하고, 임시로 머물 곳을 북경으로 정했습니다. 북경에서 머물 곳을 마련하기 위해 민영달이 5만 원을 내놓았습니다. 이회영은 이 돈을 북경에 있는 이시영에게 전달했습니다.

모든 계획은 차질 없이 순조롭게 진행되었습니다. 그런데 아무도 예상하지 못한 일이 벌어졌습니다. 1919년 1월 21일, 고종 황제가 밤중에 식혜를 마신 뒤 복통을 일으켜 갑자기 죽은 것입니다. 67세의 적지 않은 나이였지만, 건강했던 황제의 이러한

망명의 길, 독립의 꿈 115

죽음은 누가 봐도 일본이 꾸민 음모였습니다. 백성들은 땅을 치며 슬퍼했습니다. 이회영이 받은 충격은 말로 다 표현할 수 없었습니다.

"아, 이렇게 세상을 뜨시다니! 며칠 뒤면 망명하시어 조국의 광복을 위해 여생을 바치려 하셨는데, 어찌 이렇게 가실 수가 있습니까!"

이회영은 크나큰 슬픔에 빠졌지만, 더 이상 국내에서 할 일이 없어졌습니다. 이회영은 애국지사들과 함께 고종의 장례식 날인 3월 1일에 온 나라에서 봉기를 일으키기로 뜻을 모았습니다. 이회영은 이날의 만세 운동을 보지 않고 곧바로 중국으로 출발했습니다. 3·1 독립선언서가 발표되면 중국에서도 할 일이 많을 것 같았습니다. 이것이 이회영의 두 번째 망명으로, 조국과는 영원한 이별이 되었습니다.

마지막 혼을 바치다

북경의 삼거두
아무도 지배하지 않는 세상
가슴에 칼을 품은 부인 이은숙
노숙자 신세의 아버지와 아들
은행 강도 두목이 된 사연
돌아오지 못한 만주행

북경의 삼거두

"대한 독립 만세!"

1919년 3월 1일. 삼천리 곳곳에서 뜨거운 함성이 울려 퍼졌습니다. 손병희를 비롯한 민족대표 33인은 독립선언서를 발표하여 조선이 자주 독립국임을 선포했습니다. 이회영은 그때 압록강을 건너고 있었습니다.

'일제는 우리를 총칼로 무자비하게 짓밟을 것이다. 그러나 만세 운동은 우리의 독립 의지를 세계에 알리는 기회가 되고, 독립운동을 하러 많은 애국지사들이 중국으로 넘어올 것이다.'

이회영은 그들과 함께 독립운동을 할 생각에 가슴이 벅찼습니다. 국경을 넘은 그는 먼저 안도현에 들렀습니다. 신흥무관학교가 새롭게 보금자리를 틀 곳이었습니다. 독립군이 되려는 청년들이 너무 많아 학교를 좀 더 넓은 곳에 옮기기로 한 것입니다. 이회영은 국내에서 모은 자금의 일부를 내놓고, 북경으로 떠났습니다. 북경에서는 동생 이시영과 이동녕 등이 기다리고 있었습니다. 그런데 곧바로 슬픈 소식을 들었습니다.

"우당, 보재가 재작년에 세상을 떠나셨습니다."

이회영과 이상설의 우정을 익히 알고 있는 이동녕이 조심스럽게 입을 열었습니다.

"뭐라고? 보재가, 보재가 죽었다고? 아, 이럴 수가 있단 말인가!"

이회영은 들고 있던 찻잔을 떨어뜨렸습니다. 이동녕이 전한 이상설의 죽음은 너무 슬픈 소식이었습니다. 러시아에 독립운동 기지를 만들기 위해 자기 몸을 돌보지 않고 무진 애를 쓰다가 쓰러진 것입니다. 1917년 3월 2일, 이상설은 끝내 자리에서 일어나지 못하고 눈을 감았습니다. 그의 나이 48세였습니다. 이상설은 다음과 같은 유언을 남겼습니다.

"조국의 독립을 이루지 못하고 죽으니, 어찌 죽은 영혼인들 고국 땅을 밟겠소. 내 시신을 화장하여 재를 시베리아에 뿌려 주시오. 그리고 조국의 독립이 오기 전에는 제사를 지내지 마시오."

이상설의 유언을 전해 들은 이회영의 눈에서는 눈물이 폭포처럼 흘렀습니다. 재작년이라면 서울에서 독립운동 자금을 모으느라 한창 바쁠 때였습니다. 서울로 가기 전 블라디보스토크에 들르지 않은 것이 너무나 후회가 되었습니다. 추운 시베리아 벌판 위에 떠돌 이상설의 영혼을 생각하니 슬픔을 참을 수 없었습니다.

"운이여, 명이여!"

이회영은 몇 날 며칠을 지새우며 부르짖었습니다. 이상설은 어릴 적부터 가장 절친한 벗이었습니다. 게다가 보다 힘차게 독립운동을 펼치기 위해서는 이상설 같은 인물이 꼭 필요한 터였기에 슬픔이 더욱 컸습니다. 가족들은 슬픔에 젖은 이회영의 몸이 상할까 크게 걱정했습니다.

그러나 슬퍼할 시간이 많지 않았습니다. 국내뿐만 아니라 미국, 일본, 러시아 각지에서 활동하는 독립운동가들이 중국 상해로 모여들기 시작했습니다. 마음을 추스른 이회영은 이시영, 이동녕과 함께 상해로 출발했습니다. 상해에 모인 독립운동가들은 3·1운동의 기세를 이어받아 생기가 넘쳤습니다.

"우리를 대표하는 임시정부가 있어야 합니다. 우리가 임시정부 아래 뭉치고 국제 사회가 이를 인정하면, 나라를 되찾는 데 큰 도움이 될 것입니다."

"옳소!"

"그렇지요. 정부가 있어야 합니다."

많은 사람들이 정부를 세워야 한다고 주장했습니다.

"그렇지 않소!"

누군가 큰 소리로 외치면서 손을 들었습니다. 이회영이었습니다.

"정부를 세우면, 힘 있는 자리에 앉겠다고 서로 다툴 수 있습니다. 지금 가장 중요한 것은 우리가 하나로 뭉쳐야 한다는 것입니다."

임시정부 수립에 반대 의견이 나오자 사람들은 술렁거렸습니다.

"그럼 어쩌자는 것입니까?"

"우리는 각지의 독립운동을 돕고 연결하는 역할을 해야 합니다. 정부 수립 문제는 광복이 가까워질 때 꺼내야 할 것입니다."

그러나 이회영의 주장은 통과되지 않았습니다. 동생 이시영, 긴 세월 동안 함께 고생한 이동녕, 그리고 신민회원 출신들도 의견을 달리 했습니다.

"그것은 우당이 잘못 생각한 것이오. 모두가 존경하는 사람을 뽑으면 되지 않겠소."

이회영이 임시정부에서 가장 높은 자리인 국무총리로 추천되었으나, 부결되었습니다. 정부 수립에 반대했으니 당연한 결과였습니다. 그래도 이회영은 의견을 굽히지 않았습니다. 그러자 터무니없는 소문이 퍼졌습니다.

"고종 황제를 망명시키려 했던 우당은 황실과 사돈 관계지. 다시 황제를 세우려고 임시정부를 반대하는 게 아닐까?"

어떤 사람은 더 높은 자리를 맡지 못하자 심통 부리는 것이라고 말하기도 했습니다. 결국 이회영은 더 이상 설득하지 않고 홀로 북경으로 돌아왔습니다.

1919년 4월, 임시정부가 출범했습니다. 국호는 대한민국으로 정했습니다. 이동녕은 임시정부 국무총리 대리, 이시영은 재무장관이라는 중요한 자리를 맡았습니다. 그러나 이회영의 걱정은 곧 현실로 나타났습니다. 미국에서 활동하던 이승만을 국무총리로 내세우려 하자, 반대 목소리들이 높았습니다. 이승만은 자격이 없다는 것이었습니다. 결국 임시정부에 참여했던 많은 사람들이 상해를 떠났으며 신채호, 이동녕, 이시영도 북경으로 돌아왔습니다. 이회영의 마음은 더욱 무거웠습니다.

'보재가 지금 살아 있다면 어떻게 했을까?'

"무슨 일로 들른 건가?"
"선생님 댁에서 잠시 묵으려 하네."
"나는 여기서 지낸 지 두 달이 넘어가네."

북경의 이회영 집은 언제나 사람들로 북적거렸습니다. 임시정부를 반대하는 사람들이 북경으로 모였고, 그들은 이회영의 집을 중심으로 활동했습니다. 독립운동을 하러 중국에 오는 청년들은 이회영 집에 들러서 존경하는 애국지사들을 만나고 가르침을 받았습니다. 자연스럽게 이회영의 집은 북경 독립운동가들의 사랑방이 되었습니다.

이회영은 젊은이들을 몹시 아꼈습니다. 심훈도 그 중 한 명이었습니다. 그는 뒷날《상록수》라는 소설을 써서 우리나라

문학사에 또렷한 발자취를 남긴 인물입니다. 심훈은 3·1운동에 참가했다가 감옥살이를 한 다음, 중국으로 유학을 왔습니다. 그런데 고향 집에서 보내 주는 돈이 떨어졌습니다. 갈 곳이 없던 심훈이 소문을 듣고 이회영을 찾아왔습니다.

"너무 걱정 말고 이곳에서 지내면서 공부를 열심히 하게나."

"선생님, 고맙습니다."

이회영은 심훈을 자상하게 보살펴 주었습니다. 그러나 심훈은 고향 생각에 자주 풀이 죽어 지냈습니다. 어느 날, 이회영과 마주한 밥상에 쇠고기 반찬이 나왔습니다. 워낙 귀한 음식이라 심훈은 감히 숟가락을 댈 엄두가 나지 않았습니다.

"어서 먹게."

이회영의 말이 떨어지기 무섭게 심훈은 오랜만에 맛보는 쇠고기 반찬에 밥 한 그릇을 게 눈 감추듯 먹어 치웠습니다. 그 반찬은 풀이 죽은 심훈을 위해 이회영이 특별히 마련한 것이었습니다. 하지만 이회영이 자상하기만 한 것은 아니었습니다. 아버지처럼 꾸짖을 때도 많았습니다.

그렇게 두 달이 지나 심훈의 집에서 돈을 보내왔습니다.

"선생님, 그동안 고마웠습니다. 베풀어 주신 은혜를 잊지 않겠습니다."

심훈은 큰절을 올리고 집을 나갔습니다. 그런데 며칠 뒤, 이회영이 심훈의 집에 찾아왔습니다. 그의 손에는 김치 항아리가 들려 있었습니다. 심훈은 이회영의 마음 씀씀이에 감격해서 다시 한 번 큰절을 올렸습니다. 특별한 인연이 없는 청년에게도 이렇게 자상했으니, 이회영의 집에 사람들이 넘쳐 난 것은 당연했습니다.

'북경의 독립운동 삼거두'란 이회영, 신채호, 김창숙을 가리키는 말입니다. 청년들은 이들을 만나는 게 큰 자랑거리였습니다. 심산 김창숙은 지조가 높은 '조선의 마지막 선비'라고 불렸고, 단재 신채호는 유명한 언론인이자 역사학자였습니다. 나이가 엇비슷한 두 사람은 북경의 단칸방 하나에서 같이 생활하면서 날마다 이회영의 집에 들렀습니다. 그런데 둘 다 알아주는 황소고집이라 의견이 자주 충돌했습니다.

당시 북경에는 신발 도둑이 많았는데, 신채호도 신발을 잃어버렸습니다. 그래서 이회영의 집에 갈 때 맨발을 헝겊으로 감고 갔는데, 도중에 김창숙이 이를 보고 새 신발을 사주었습니다.

"공자님도 참 한심하지. 어쩌자고 후손들에게 도둑질만 가르치셨나. 에이, 이놈의 나라도 망할 날이 얼마 남지 않았어."

신채호의 말에 김창숙이 버럭 화를 냈습니다. 김창숙은 공자를 받드는 유학자였던 것입니다.

"뭐가 어째? 터진 입이라고 지껄이면 모두 말인 줄 알아? 신발까지 사 주었는데도 이 고약스런 인간이 그런 무식한 말로 공자님을 욕보이다니!"

"그럼 네가 죽을 때까지 존경한다는 공자의 나라에 이렇게 신발 도둑이 들끓는 이유가 뭐야?"

"어허, 그래도 뉘우치지 못하고서!"

"조선 오백 년 동안 공자를 좇은 결과가 무엇이야? 백성들은 노예가 되고, 배운 것들은 나라 잃은 탄식만 하지. 아이고, 분해라, 원통해라! 어찌하여 우리 화랑도 정신이 이 지경까지 되었을까?"

티격태격 말다툼은 이회영의 집에서도 계속되었습니다. 이회영이 조용히 듣고 있다가 입을 열었습니다.

"두 동지 모두 이제 그만하시오. 심산이 하는 말도 일리가 있소. 하지만 단재가 하는 말도 옳은 말이오. 중국에 도둑이 우글거리는 것은 사실이지 않소. 그러나 어떡하겠소. 우리가 독립을 위해 목숨까지 걸고 뭉친 사람들인데, 그깟 신발 하나로 싸워서야 되겠소?"

두 사람은 머쓱해져서 이내 입을 다물었습니다. 이렇게 이회영의 심판으로 다툼이 멈추는 경우가 많았는데, 그의 나이가 더 많아서만은 아니었습니다. 고집불통인 두 사람을 화합시키는 일은 이회영의 합리적인 판단과 부드러운 성품 덕분에 가능했던 것입니다.

이회영은 북경 상인들에게도 인심 좋은 부자로 소문이 났습니다. 그도 그럴 것이, 물건을 많이 사고도 값을 깎지 않았기 때문입니다. 나중에는 외상까지 트게 되었습니다.

그 많은 돈이 어디서 난 것일까요? 이석영의 재산은 신흥무관학교를 운영하는 데 쓰느라 여유가 없었습니다. 고종의 망명을 위해 민영달이 준 돈도 일부는 임시정부를 수립하는 데 내고, 또 임시정부에서 파리회의에 특사를 파견할 때 경비를 대느라 남은 돈이 없었습니다.

북경에서 손님들을 대접할 수 있었던 것은 임경호가 있었기 때문이었습니다. 서울에서 하룻밤도 못 자고 쫓겨난 그 임경호 말입니다. 그는 이회영이 자신을 내쫓았던 이유를 알고 난 뒤로 이회영을 아버님이라고 부르며 따랐습니다. 국내에서 활동하던 임경호는 일 년에 두어 차례 이회영을 찾아왔고, 그때마다 부자들을 데리고 왔습니다. 그들로 하여금 이회영에게 독립운동 자금을 내놓게 했던 것입니다.

　북경의 젊은 독립운동가들은 임경호를 부러워하면서도 한편으로 질투했습니다. 그러던 어느 날, 임경호가 매를 맞는 사건이 일어났습니다. 임경호는 어린아이처럼 엉엉 울면서 이회영에게 달려왔습니다.

　"아버님, 제가 무슨 죄를 지었다고 저를 때리고 욕합니까? 저는 아버님을 돕기 위해 위험을 무릅쓰고 자금을 댔을 뿐인데, 돈을 혼자 먹은 도둑놈이라니요. 그게 독립운동을 하는 자들의 자세입니까. 아버님, 억울합니다."

　임경호는 민족 종교인 보천교의 간부였습니다. 보천교는 임시정부가 출범할 때 큰돈을 지원하는 등 독립운동의 자금줄이었습니다. 임경호와 함께 북경에 온 사람들 가운데는 보천교인들이 많았습니다. 그러나 그 폭행 사건 뒤로 임경호는 북경에

발을 끊었습니다.

  이회영의 생활은 점점 어려워졌습니다. 그렇다고 찾아오는 사람들을 마다할 수는 없었습니다. 외상이 점점 불어났고, 약속한 날짜는 미뤄졌습니다. 중국 상인들도 처음에는 참고 넘어갔으나, 외상값이 크게 늘어나자 갚으라고 독촉하기 시작했습

니다.

"이게 어찌된 일이냐. 누구한테 맞았느냐?"

이은숙은 피투성이가 된 채 집에 들어온 아들 규창을 보고 크게 놀랐습니다.

"중국 놈들이 다짜고짜 욕을 하며 때렸어요. 영문도 모른 채 맞았는데. 나중에 알고 보니 빚을 갚으라는 거였어요."

중국 상인들은 툭하면 아이들에게 화풀이를 했습니다. 하지만 시간이 흐르면서 중국 상인들에게도 이회영이 독립운동가라는 사실이 알려졌습니다. 그러자 상인들이 모여서 이 문제를 논의하여 빚을 없애 주기로 했습니다.

"일본 때문에 우리나라에까지 와서 독립운동을 하는 분을 몰라보았습니다. 그동안 심하게 했는데. 부디 마음을 푸십시오."

"오히려 제가 여러분에게 면목이 없습니다. 그동안 베풀어 주셔서 감사합니다."

다행히 빚은 해결되었지만, 가난은 이회영의 그림자가 되어 죽을 때까지 따라다녔습니다.

아무도 지배하지 않는 세상

"우당, 상해로 가서 뜻을 모읍시다."

"아니네. 임시정부는 외교를 통해 나라를 되찾을 수 있다고 하지만, 내 생각은 다르네. 우리 스스로 나라를 찾아야 완전한 독립이지. 남의 도움에 기대면 반쪽짜리 독립밖에 안 되네."

임시정부에서는 북경의 삼거두와 이시영, 이동녕 등을 설득하기 위해 사람을 보냈습니다. 이회영은 합류를 거절했지만, 이시영과 이동녕은 다시 상해로 떠났습니다. 신채호와 김창숙은 고집쟁이답게 이승만이 보기 싫다며 계속 북경에 남았습니다. 사실 상해보다는 만주에서 들려오는 소식 때문에 이회영은 안절부절 못했습니다.

새로운 터전을 마련한 신흥무관학교에 마적들이 자주 습격하여 학생들의 사기가 떨어져 있다는 내용이었습니다. 게다가 교관들은 독립운동의 방향에 대해 의견 일치를 보지 못하고 있었습니다. 이회영은 만주를 오가며 해결하려 했으나 뜻대로 되지 않았습니다. 또한 봉오동전투에 패배한 뒤로 일제는 대대적인 독립군 토벌 작전에 들어갔습니다.

결국 신흥무관학교는 문을 닫고 말았습니다. 이회영은 다시 통화현에 통화무관학교를 세웠으나, 한 해를 넘기지 못했습니다.

학교가 문을 닫은 뒤, 학생들은 홍범도 장군과 김좌진 장군에게 모여들어 청산리전투의 승리에 크게 이바지했습니다. 하지만 일본 군대가 대대적인 소탕 작전에 들어가자, 독립군들은 러시아의 자유시로 피신했습니다. 그런데 이곳에서 러시아 공산당과의 충돌로 600명 가깝게 죽는 비극적인 사건이 발생했습니다. 만주의 독립군들은 방향을 잃고 뿔뿔이 흩어졌습니다.

'안 된다. 안 돼! 하루빨리 뭉쳐야 한다.'

이회영은 마음이 급했습니다.

"잠깐 남쪽에 다녀오리다."

가족들에게 이렇게 말했지만, 이회영이 간 곳은 북쪽 만주였습니다. 거짓말을 할 수밖에 없었던 것은 일제가 현상금을 걸었기 때문이었습니다.

"이회영을 신고한 자에게 삼 대가 풍족히 먹고살 만큼 포상금을 지급함."

가족들이 강하게 말렸지만, 이회영은 자신에게 붙은 현상금에 아랑곳하지 않고 자주 만주를 드나들었습니다. 아무리 위험해도 미룰 수 없는 일 때문이었습니다.

"누가 뭐래도 나라에서 가장 높은 사람은 임금이지."

"시대가 변했어. 나라의 주인은 백성이라고."

독립군들은 이렇게 두 생각으로 나뉘었습니다. 이회영은 그들을 일일이 찾아다니며 힘을 합해 싸워야 이길 수 있다고 설득

했습니다. 독립군 장교들은 신흥무관학교 출신이어서 누구보다도 이회영을 잘 알고 있었습니다.

"우당 선생님이라면 믿을 만하지. 그래도 그분은 공평하지 않은가."

"그래. 우당 선생님이 말씀하신 대로 합쳐 보세."

만주 환인현에 독립군 대표 70여 명이 모였습니다. 자유시에서 일어난 참변 이후 독립군들이 처음으로 모인 뜻깊은 자리였습니다. 이름을 '통의부'라 지었습니다. 이회영은 감격에 젖었습니다. 독립군 지도자들은 이회영을 높은 자리에 추천했지만, 언제나 그렇듯 이회영은 뒤로 물러나 앉았습니다.

통의부는 만주뿐만 아니라 국내에서도 치열한 전투를 벌였습니다. 강계, 의주, 삭주의 일본경찰서들이 통의부의 습격을 받아 무너졌습니다. 이전까지 만주에서 전투를 벌였던 일제는 국내에서도 작전을 펼치는 통의부의 용감함에 혀를 내둘렀습니다. 그러나 용맹한 기세를 떨치던 통의부도 결국 의견을 달리하며 갈라섰습니다. 이회영이 받은 충격은 매우 컸습니다.

'다 같이 독립에 뜻을 두고도 왜 서로 다툴까? 상해 임시정부, 신흥무관학교, 통의부도 마찬가지다. 독립한 나라는 어떤

나라여야 할까? 더 이상 옛날처럼 임금이 다스리는 나라는 안 된다. 그렇다면 무엇이어야 할까?'

이회영은 생각이 깊어졌습니다. 사실 그는 공산주의에도 관심이 컸습니다. 공산주의는 차별 없는 평등한 세상을 만들자는 사상이었습니다. 그리고 1917년 러시아 공산주의 혁명에 성공한 레닌은 세계 식민지 민족들의 해방을 지원하겠다고 약속했으며, 실제로 임시정부에 큰돈을 보내기도 했습니다.

그 즈음에 조소앙이 북경에 도착했습니다. 그는 임시정부 대표 자격으로 러시아 혁명 대회에 참석했고, 이어서 러시아 각지를 돌아보고 온 것입니다.

"집에 있는가?"

"선생님, 어서 오십시오. 그렇지 않아도 찾아뵙고 말씀드릴 참이었습니다."

이회영은 조소앙의 방문을 기다리지 않고 먼저 찾아갔습니다. 그만큼 공산주의 사상을 알고 싶어 했습니다. 조소앙은 자기가 본 대로 자세히 말했습니다. 그러나 이회영의 얼굴에는 실망의 빛이 돌았습니다.

"평등 세상이라고 하지만, 결국 백성들이 공산당에 지배당하는 것이로군. 그렇다면 임금이 지배하는 사회와 무엇이 다른가?"

그랬는데, 자유시 참변이 발생했던 것입니다. 죽은 독립군 중에는 이회영이 아끼고 사랑했던 신흥무관학교 제자들이 많았습니다. 이 일로 이회영은 공산주의와 멀어졌습니다.

이회영의 집에 드나드는 독립운동가 중에는 유자명, 정화암, 백정기, 이정규 같은 젊은이들이 있었습니다. 이들은 아나키스트였습니다. 그 누구도 지배하거나 지배당하지 않으며, 모든 사람이 자유로운 세상을 만드는 게 목표였습니다. 그래서 아나키즘은 남을 지배하는 권력을 가장 싫어했습니다.

'사람들은 높은 자리에 앉고 싶어 한다. 왜냐하면 그 자리에는 권력이 있기 때문이다. 만약 권력이 없다면 그토록 다툴 일도 없을 것이다.'

젊었을 때부터 백성을 지배하는 벼슬을 싫어한 이회영이었습니다. 그래서 이회영은 아나키즘 사상에 관심이 많았습니다. 그러던 어느 날, 북경대 학생인 이정규가 찾아왔습니다.

"선생님, 제가 아는 중국인이 이상적인 농촌을 건설하려고 합니다."

"이상적인 농촌이란 무엇인가?"

"네. 누구도 지배하거나 지배당하지 않는 곳입니다. 모두 함께 농사를 짓고, 수확하면 똑같이 나누어 가지는 곳입니다. 완전한 평등 사회를 이루고자 합니다."

"그럼 아나키즘 사상 아닌가? 그래, 새로운 곳을 만드는 게 가능하단 말이지? 자세히 말해 보게."

이회영은 이정규를 통해 아나키즘에 대해 구체적으로 알아 갔습니다. 공부도 열심히 했습니다. 어렸을 적에 신학문을 공부하듯 많은 책을 읽고 젊은이들과 토론했습니다.

"선생님, 이분은 북경대학교 교수이신 노신 선생님입니다."

이정규는 노신을 이회영에게 소개시켜 주었습니다. 노신은 소설 《아큐정전》을 쓴 유명한 작가이자 중국의 위대한 사상가였습니다. 《아큐정전》은 당시 중국 사회와 개인의 모습을 풍자적으로 그린 작품입니다. 이회영은 노신과 자주 만나면서 이 새로운 사상에 흠뻑 빠졌습니다.

이회영뿐만 아니었습니다. 신채호도 아나키즘에 관심이 많았습니다. 둘은 만날 때마다 토론했습니다. 이들이 보기에 아나키즘은 조국의 독립을 위해 꼭 필요한 사상이었습니다.

"대한민국이 독립하면, 모든 백성이 평등하고 누구나 자유를 누릴 수 있는 나라가 되어야 한다!"

이회영과 신채호는 마침내 자신들이 아나키스트라고 선언했습니다. 그때 이회영의 나이는 50대 중반이었습니다. 새로운 사상을 받아들이기에는 나이가 많았으나, 거침없는 성격은 여전했습니다.

"우당은 너무 새로운 것을 좋아한단 말이야."

젊은이들과 어울리는 이회영을 보고 사람들은 비꼬았습니다.

"원래부터 나는 권력과 벼슬을 싫어했다. 내가 갑자기 변한 게 아니라, 본래 아나키즘 사상이 내 몸에 흐르고 있었다. 그대들도 남에게 지배받고 싶지 않을 테니, 남을 지배할 생각을 버려라!"

김좌진 장군의 사촌 동생인 김종진이 독립군이 되겠다며 찾아온 적이 있었습니다. 신흥무관학교가 문을 닫았기에 이회영은 그를 상해에 있는 이시영에게 보냈습니다. 김종진은 이시영의 소개로 중국 무관학교에 입학했습니다. 그리고 열심히 노력하여 3년 뒤 우수한 성적으로 졸업했습니다. 그는 군대에 남아 달라는 중국의 요청을 뿌리치고 만주로 떠나는 길에 이회영을 찾아왔습니다.

김종진은 이회영이 새로운 사상을 받아들였다는 사실에 적잖이 놀란 눈치였습니다.

"선생님, 과연 그런 사회가 가능하겠습니까?"

김종진은 조심스럽게 자신의 생각을 밝혔습니다. 이회영은 김종진과 이 문제에 대해 몇 날 며칠을 이야기했습니다. 그리고 마침내 김종진도 이 사상을 받아들였습니다.

"저를 독립군으로 이끌어 주시고 큰 가르침을 주셨으니, 이 은혜를 어찌 다 갚을 수 있겠습니까? 저는 이제 당당한 군인으로 일제와 싸우기 위해 만주에 계신 형님께 가고자 합니다. 다음에 뵐 때까지 평안하십시오."

이회영의 집에 이을규, 이정규, 정현섭, 백정기, 유자명, 그리고 이회영이 모였습니다. 이들은 '재중국조선무정부주의자연맹'을 결성하고 신문 〈정의공보〉를 발행했습니다. 중국에서 아나키즘을 내세운 한인 최초의 조직이었습니다. 신채호는 절에서 《조선상고사》를 쓰느라 자리에 함께하지 못했습니다. 이번에도 이회영은 대표 자리를 마다했습니다.

가슴에 칼을 품은 부인 이은숙

1925년 4월, 북경에서 한 비밀 단체가 탄생했습니다. '다물단'이라는 조직으로, '모두 입을 다물고 일을 처리한다.'는 뜻을 가졌습니다. 그들이 하려는 일은 밀정, 곧 일제의 앞잡이를 죽이는 것이었습니다.

3·1운동이 끝나자 많은 독립운동가들이 상해와 북경으로 모여들었지만, 일제의 앞잡이들도 뒤를 따라왔습니다. 그들은 독립운동가들에게 정보를 빼내 돈을 받고 일제에 팔았습니다. 수많은 독립운동가들이 잡혀 가고, 계획이 발각된 이유는 밀정들 때문이었습니다. 그들 중에는 과거에 독립운동을 하던 사람들도 있었습니다.

북경에는 직접 무기를 들고 싸우자고 주장하는 독립운동가들이 많았기 때문에 일제는 신경을 많이 썼습니다. 그런 까닭에 북경은 밀정들로 득실거렸습니다. 다물단은 이런 앞잡이들을 찾아내 없애는 비밀 조직이었던 것입니다. 이석영의 아들 이규준과 이회영의 아들 이규학이 만들었고, 단원들은 모두 신흥무관학교 출신이었습니다. 이회영은 다물단의 정신적 지주였습니다.

김달하는 강제합병 전에는 안창호와 함께 애국계몽운동을 하던 인물이었습니다. 그런데 북경에는 김달하가 일제의 앞잡이라는 소문이 퍼져 있었습니다.

"심산은 김달하가 밀정이라고 생각하시오?"

안창호가 웃으면서 김창숙에게 이와 같이 물었습니다.

김창숙은 안창호의 말을 듣고 김달하에 대한 의심을 버렸습니다. 그런데 얼마 뒤 김창숙이 이회영을 만난 자리에서 주위의 눈치를 살피며 손을 잡아 끌었습니다.

"우당, 이거 어쩌면 좋단 말입니까. 정말 기가 막혀서 말이 안 나옵니다. 김달하가 알고 보니 밀정인 것 같습니다."

김창숙은 이렇게 이회영의 귀에 소곤거렸습니다.

"뭣이. 김달하가? 자세히 말해 보게."

"며칠 전에 편지를 보내 할 말이 있다며 만나자고 하더군요. 그래서 방금 만나고 오는 길입니다. 그런데 이놈이 처음에는 가난하게 지내는 나를 불쌍히 여기더군요. 그래서 내가 '독립운동가들이 다 그렇지 않겠소.'라고 했지요."

"그랬더니?"

"그랬더니 이놈이 '자기 식구도 챙기지 못하면서 무슨 독립운동을 한단 말이오.' 하면서 내 손을 잡고 눈물까지 흘립디다. 내가 아무래도 수상쩍어 '그럴지도 모르지요.' 하고 떠봤습니다."

"뭐라든가?"

"글쎄. 자기가 이미 총독부에 말해 두어 서울 성균관에 자리를 마련해 놓았으니, 북경을 떠나라고 하지 않겠습니까. 그리고 이제부터 편하게 지내라고 하더군요."

"김달하가 정말 그리 말했는가!"

이회영은 주먹을 꽉 쥐었습니다. 그리고 곧바로 다물단을 소집했습니다.

"김달하가 아무래도 일제의 앞잡이 같으니, 동지들은 김달하를 감시하시오."

단원들이 뒤를 캐 본 결과, 놀랍게도 이회영의 말이 맞았습니다. 다물단은 김달하에게 사형 판결을 내렸습니다. 며칠 뒤, 북경 김달하의 집 문이 크게 흔들렸습니다.

"여기가 감히 어디인 줄 알고 문을 발로 차느냐!"

하인이 문을 열자, 갑자기 정체불명의 사내들이 덮쳤습니다. 그들은 하인 입에 재갈을 물리고 밧줄로 묶었습니다. 그리고 재빨리 안방으로 뛰어들었습니다.

"누구냐!"

가족과 함께 있던 김달하는 벌떡 일어나며 손을 바지로 가져갔습니다. 총을 꺼내기 위해서였습니다. 그러나 사내들은 쏜살같이 달려들어 김달하를 제압했습니다.

"네게 할 말이 있다. 나오너라!"

"이놈들, 난 김달하다. 독립운동가 김달하!"

그것이 김달하가 이 세상에서 한 마지막

말이었습니다. 다물단은 김달하를 죽인 다음, 각 신문사에 편지를 보냈습니다.

"독립전쟁을 하기 위해서는 일본 천황을 죽여야 할 것이다. 그러나 조선인으로서 왜놈의 앞잡이를 먼저 처단하지 않으면 안 된다는 것을 선언한다."

그런데 이 사건으로 이회영은 큰 어려움을 맞게 되었습니다. 김달하의 죽음에 중국 정부가 발끈했던 것입니다. 김달하는 한때 중국의 총리 비서까지 지냈던 인물이기 때문입니다.

중국 경찰은 이회영의 딸인 규숙이 김달하의 집에 다녀갔

다는 사실을 알아냈습니다. 김달하의 딸과 친하게 지내던 규숙을 시켜 미리 그 집의 구조를 알아 둔 것입니다. 규숙은 이 사건으로 1년 동안이나 감옥에 갇혔습니다. 이규학은 급히 상해로 피신했는데. 두 딸이 전염병에 걸려 손 쓸 틈도 없이 죽었습니다. 또. 이회영의 6개월 된 어린 아들도 경황이 없는 중에 세상을 떠났습니다. 졸지에 아들 하나와 손녀 둘을 저세상으로 보낸 것입니다. 그런데 이런 비극적인 일 말고도 엉뚱한 사건이 또 있었습니다.

"일제의 앞잡이와는 더 이상 사귈 수 없소이다."

김달하가 죽고 며칠 뒤. 이회영은 신채호와 김창숙으로부터 어이없는 편지를 받았습니다.

김달하의 장례식장에 이회영의 부인 이은숙이 나타난 일이 문제가 된 것입니다. 사건의 자세한 사정을 알 리 없는 이은숙은 남편과 상의 없이 조문을 갔습니다. 김달하 부인과 평소 가깝게 지냈기 때문입니다.

"우당이 김달하의 죽음을 슬퍼하여 부인을 보냈다."

북경에는 이 같은 소문이 돌았습니다. 북경은 앞잡이로 의심을 받기만 해도 쥐도 새도 모르게 목숨을 잃는 살벌한 분위기였습니다. 그래서 아무리 가깝게 지내던 동지라고 하더라도 작은 꼬투리가 있으면 관계를 끊기 일쑤였습니다.

"어허, 이 사람들마저 나를 의심하다니! 너무 걱정하지 마시오. 오해는 풀릴 것이오."

편지를 받아 본 이회영은 대수롭지 않게 여기고 부인을 안심시켰습니다. 대쪽 같은 두 사람의 성격상 그럴 수도 있겠다고 생각했습니다. 그러나 이은숙은 억울했습니다. 자신의 섣부른 행동으로 남편이 목숨까지 위협받게 되었으니 가만히 있을 수 없었습니다.

"우리 영감을 누구보다 잘 아는 사람들이 이런 소문에 넘어가다니. 규창아, 가자!"

이은숙은 식구들 몰래 아들을 데리고 신채호와 김창숙이 머무는 곳으로 갔습니다. 가슴에는 칼을 숨겼습니다. 아침 식사 중이던 신채호와 김창숙은 이은숙을 본체만체했습니다. 이은숙은 치미는 화를 억누르고 조문을 가게 된 사연을 자세히 설명했습니다.

"제 말을 들으셨으니, 두 분께서는 우리 영감에게 잘못이 없음을 만천하에 알려 주십시오."

그런 사정을 전혀 몰랐던 두 사람은 난처한 표정을 지으며 계속 입을 다물고 아무런 말도 하지 않았습니다. 이은숙은 더 이상 참을 수 없었습니다.

"우리가 어떤 집안인 줄 알고 말을 함부로 놀리느냐! 우리 영감의 송죽 같은 애국심을 망치려 하는 놈들! 정말 바로 말하지 아니하면, 이 칼로 너희 두 놈을 죽이고 나도 가겠다!"

이은숙은 가슴에 품었던 칼을 빼 들어 식탁에 꽂았습니다. 신채호와 김창숙은 얼굴이 하얗게 질렸습니다. 이 모습을 본 다른 사람들이 다급히 이은숙을 말렸습니다. 그들은 신채호와 김창숙에게 사과하라고 말했습니다. 조선에서 고집불통으로 소문난 그들이었지만 고개를 숙이지 않을 수 없었습니다.

"잘못했소. 우리들이 잘못 알고 그랬소."

용감한 부인 덕분에 이회영을 둘러싼 오해는 금방 사라졌습니다.

노숙자 신세의 아버지와 아들

"공원에 나가 바람이라도 쏘이지요?"

김창숙이 말을 걸었으나, 이회영은 들은 척 만 척했습니다.

"아버님이 무슨 걱정거리라도 있으신 거냐?"

"이틀 동안 밥을 드시지 못해 움직일 힘이 없으실 거예요. 그리고 외출할 때 입던 옷도 전당포에 잡혀, 나가실 때 입을 게 없습니다."

규창에게 이야기를 들은 김창숙은 깜짝 놀랐습니다. 옷을 팔아서 연명할 정도로 돈이 없을 줄 몰랐던 것입니다. 그는 있는 돈을 털어 규창에게 쌀을 사 오도록 했습니다. 신채호도 자신이 입던 옷을 벗어 규창의 옷을 해 주었습니다.

임경호의 지원이 끊기자 이회영의 북경 생활은 몹시 어려워졌습니다. 변두리의 허술한 집으로 옮겼으나 외상값을 치르느라 한 푼도 남지 않았습니다. 3·1운동 이후 곧 독립이 될 것처럼 들떴다가. 여러 해가 지나도 희망이 보이지 않자 독립운동의 열기도 식었습니다. 북경에 오는 독립운동가들의 발길도 뜸해져 쓸쓸하기조차 했습니다.

이회영은 자기 밥은 굶어도 가끔씩 오는 동지들 대접을 소홀히 하지 않았습니다. 그러면서도 이런 어려움을 남들에게 말하지 않았습니다.

"영감. 이대로 가만히 있다간 가족 모두 굶어 죽게 생겼어요. 저라도 조선에 들어가 생활비라도 벌어야 하겠습니다. 아무래도 여기보다 낫지 않겠습니까."

부인 이은숙의 말에 이회영도 뾰족한 수가 없었습니다. 결국 부부는 생이별을 해야만 했습니다.

"싫어. 싫어! 나도 엄마 따라갈 테야!"

일곱 살 막내 딸 현숙이는 엄마와 떨어지지 않으려고 몸부림을 쳤습니다.

"얘야. 엄마는 금방 오실 거야. 맛있는 과자도 사고 네 비단 옷도 지어서 오실 거야."

이회영은 딸의 손을 붙잡고, 곧 오겠다며 기차에 오르는 부인을 바라보았습니다. 그러나 다시 만나자는 부부의 약속은 끝내 지켜지지 못했습니다.

며칠 뒤, 이석영네 식구가 북경에 왔습니다. 조선 제일의 부자였던 그가 몸을 의지할 데가 없어 동생에게 온 것입니다. 생활은 더욱 쪼들렸습니다. 이회영은 배고픔을 달래려 퉁소를 불었습니다. 처량한 퉁소 소리가 북경 밤하늘에 울려 퍼지는 날은 이회영 가족들이 굶는 날이었습니다.

귀국한 이은숙은 처음에는 아는 사람들이 준 돈을 북경으로 보낼 수 있었습니다. 그러나 곧 일본 경찰이 방해했습니다. 이은숙은 고무 공장에 다니거나 기생들의 옷을 수선하면서 모은 돈을 부쳤지만, 갈수록 힘에 겨웠습니다. 게다가 아이를 밴 몸이었습니다.

그날도 이회영은 마루에 앉아 퉁소를 불고 있었습니다.
"여기가 우당 선생님 댁입니까?"
낯익은 손님이었습니다. 상동교회 공옥학교의 교사였고,

신흥무관학교 교장까지 지낸 이회영의 오랜 동지였습니다.

"선생님. 저의 부사령관께서 조선인들의 독립운동에 큰 감명을 받고 활동을 지원하시겠다는 약속을 했습니다. 우선 필요한 자금을 가져왔습니다."

그는 중국군 부사령관의 고문이 되어 있었습니다. 그 돈은 이회영에게 가뭄에 만난 단비 같았습니다. 액수도 제법 컸습니다. 이회영은 천진으로 이사하기로 했습니다. 이미 북경 독립운동가들의 활동이 일제에 많이 알려진 데다. 천진은 바다를 끼고 있어 활동하기에 좋았습니다. 북경의 집은 이석영이 계속 살기로 했습니다.

이회영은 천진에서 머물 곳과 동지들의 숙소로 쓸 목적으로 집을 두 채 샀습니다. 권총과 폭탄도 구입했습니다.

중국군 부사령관이 다시 연락을 보냈습니다. 연락을 맡은 사람은 어떤 중국인들의 이름이 적힌 종이를 건냈습니다.

"부사령관께서 이 사람들을 없애 달라고 하십니다."

이회영과 동지들은 난감했습니다.

"이러다가 괜히 중국인들의 싸움에 끼어들게 되는 게 아닌지 모르겠습니다."

그런데 이 곤란한 문제는 자연스럽게 해결되었습니다. 부사령관이 갑자기 세상을 뜬 것입니다.

"이번 일은 다행이지만. 자금 사정은 앞으로 더욱 어려워질 것이오. 일단 집을 팔아 싼 곳을 얻고 새로운 일거리라도 찾아야겠소."

그러나 천진은 북경보다 사정이 더 안 좋았습니다. 퉁소 소리는 더욱 슬펐습니다.

"문 열어! 문 열란 말이다!"

이회영은 본능적으로 몸을 숨겼습니다.

"일본 영사관에서 나왔다. 이 집에 이회영이란 자가 살지?"

일본 경찰들이 집을 뒤졌으나 이회영을 발견하지 못했습니다. 일제는 의열단원 나석주가 동양척식주식회사와 식산은행에 폭탄을 던지게 한 사람이 이회영이라고 생각했습니다. 그러나 그 사건은 유자명과 김창숙이 계획한 것이었습니다. 이회영과는 상관없는 일이었지만, 집이 발각된 이상 피해야 했습

니다.

"규숙아, 현숙아, 이제부터 아버지가 하는 말 잘 들거라. 아버지는 규창이와 함께 멀리 길을 떠나야 하는데, 너희들을 데려갈 수가 없구나. 일단 구제원에 들어가서 몇 달만 지내렴. 그렇게 할 수 있지?"

구제원은 고아원의 다른 이름이었습니다. 부모가 버젓이 살아 있는데도 딸들을 고아원에 보내야 하는 이회영의 마음은 찢어질 듯 아팠습니다.

이회영은 규창을 데리고 새벽에 집을 나섰습니다. 목적지는 상해였습니다. 고아원에 두 딸을 맡긴 형편에 차비가 있을 리 없었습니다. 부자는 철길을 따라 무작정 걸었습니다. 운이 좋으면 찬밥을 얻어먹고, 마구간에서 잘 수 있었습니다. 그러나 운 없는 날이 더 많았습니다. 굶기가 다반사이고, 하늘을 지붕삼아 길거리에서 자는 날이 더 많았습니다. 심지어 여관에서 자다가 몰래 빠져나오기도 했습니다. 엎친 데 덮친 격으로 갖고 있던 옷도 도둑맞았습니다. 그렇게 석 달 동안 아버지와 아들은 노숙자와 다름없이 고생을 했습니다. 그러던 어느 날, 이회영이 가던 길을 멈추었습니다.

"다시 천진으로 돌아가야 할 것 같다. 시간이 흘렀으니 일본 놈들도 나를 찾는 일을 포기했을 것이다. 규숙이와 현숙이도 자꾸 눈에 밟히는구나."

이회영은 오던 길을 다시 걸었습니다. 다행히 규창의 친구를 만나 석탄 화물차를 공짜로 얻어 탔습니다. 천진에 도착한 부자는 영락없는 거지꼴이었습니다. 먼저 개울가에서 검게 때 묻은 옷을 빨았습니다. 규창은 누나와 동생이 있는 구제원으로 갔습니다.

"배고프지? 천천히 먹어. 그리고 이 옷을 전당포에 잡히고 아버님을 일단 편히 모셔라."

규창은 누나에게 뜻밖의 음식과 옷가지를 받았습니다.

"누님. 이게 어찌된 일입니까?"

"옷을 도둑맞고 다시 오신다는 소식에 얼마나 울었는지 모른다. 오시면 당장 돈이 있어야 할 것 같아 발을 동동 구르다가 아는 중국 여자에게 얘기를 했다. 그랬더니 그분이 조선의 독립운동가들을 존경한다며 자기 옷을 주더라."

누나의 말에 규창은 눈물을 흘리며 굶주린 배를 채웠습니다. 그리고 누나가 준 옷을 맡겨 마련한 돈으로 싸구려 여인숙에 들어갔습니다. 서울에 있는 어머니에게도 편지를 썼습니다. 아들의 편지를 받은 이은숙은 부랴부랴 돈을 마련했고, 규창은 이 돈으로 천진의 빈민가에 방 한 칸을 얻었습니다.

그러나 수천리 길을 걸으며 심한 고생을 한 이회영은 이미 몸이 쇠약해질 대로 쇠약해졌습니다. 그의 나이도 벌써 환갑이 넘었으니 병이 안 나는 게 오히려 이상할 정도였습니다. 가장 급한 것은 추위를 견디게 해 줄 땔감이었습니다.

"주인아주머니, 제발 부탁입니다. 아버님께서 많이 아프십니다. 땔감 좀 빌려 주세요."

규창이 울면서 매달렸습니다.

"독립운동을 하는 분이구나. 새벽에 외국인들이 사는 동네에 가면 때다 만 조개탄이 있을 거야. 그걸 주워서 때렴."

규창은 영하 20도가 넘는 겨울 새벽에 바구니를 들고 나갔습니다. 반 정도 타다 만 조개탄을 주워 불을 피웠습니다. 다행히 추위는 피할 수 있었습니다. 버린 배추 잎사귀로 시래기 국을 끓여 먹을 것을 마련했습니다. 그러나 한번 상한 이회영의 몸은 회복될 줄 몰랐습니다.

"아버님! 아버님!"

어느 날, 석탄을 주워 온 규창이 깨웠으나 이회영은 자리에서 일어나지 못하고 가쁜 숨만 몰아쉬었습니다. 규창은 무슨 일이 일어날 것만 같아 당황했습니다. 기억을 더듬어 천진 시내에서 아는 사람을 겨우겨우 찾았습니다.

"우리는 우당 선생님이 행방불명된 줄 알고 있었다."

사람들이 저마다 성의껏 돈을 모았습니다. 이회영은 간신히 기운을 차릴 수 있었습니다. 어느 정도 기운이 나자 그림을 그리며 몸을 추슬렀습니다. 특히 난초를 잘 그렸습니다. 사람들이 솜씨가 좋다고 칭찬했고, 이회영은 많은 돈은 아니지만 그림을 팔기도 하였습니다.

천진의 빈민가 사람들은 이회영이 평범한 인물이 아님을 알았습니다. 그래서 가끔씩 대접을 받기도 했으나 이런 일도 잠시뿐, 천진에서의 생활은 그야말로 비참했습니다. 규창은 겨우내 석탄을 주워야 했습니다.

은행 강도 두목이 된 사연

"일본 놈들이 모여서 노름하는 곳을 알고 있습니다. 거기가 어떨까요?"

"위험합니다. 노름 장소를 지키는 자들은 총을 가지고 있어요. 총격전이 일어나 목숨을 잃을 수 있습니다."

"그러면 은행은 어떨까요?"

"은행?"

사람들은 깜짝 놀랐습니다.

"그 은행은 중국과 일본이 함께 세웠다고 하지만, 일본 돈으로 설립된 거나 마찬가지입니다. 게다가 일본 땅이나 마찬가지인 일본 조계지에 있으니 양심에 거리낄 것도 없습니다. 제가

먼저 살펴보았는데 경비가 예상보다 허술합니다."

조계지는 외국인들이 모여 사는 특별 보호 구역을 말합니다.

"그럽시다. 은행을 텁시다."

이회영은 은행을 털어 독립운동 자금을 준비하겠다는 계획이 내키지 않았지만, 더 이상 젊은 사람들의 주장을 꺾을 수 없

었습니다.

"그럼 민간인을 해치지 말고 신중하게 처리하게나."

이회영의 허락이 떨어지자, 사람들은 작전을 짰습니다.

1930년 10월. 다섯 명의 남자가 옷 속에 권총을 숨기고 은행으로 들어갔습니다. 경찰이 없는 것을 확인한 그들은 총을 뽑았습니다.

"꼼짝 마! 모두 제자리에 가만히 있어. 그러지 않으면 죽는다."

천진의 가장 안전한 곳에서, 그것도 대낮에 권총을 든 사람들을 보고 은행원과 손님들은 벌벌 떨었습니다. 그들은 은행원을 시켜 책상과 서랍의 돈을 자루에 쓸어 담게 했습니다.

"저기 금고 문도 열어!"

은행원은 금고에 돈이 없다며 버텼습니다. 돈이 없을 리 없었지만, 옥신각신할 여유가 없었습니다. 그렇다고 총을 쏘아 사람을 다치게 해서도 안 되었습니다. 주는 돈만 받고 재빨리 은행에서 나왔습니다.

집에서 조마조마하며 기다리던 이회영은 성공했다는 소식을 듣고 안심했습니다. 돈 자루를 풀어 보니 3천 원이 넘었습니다. 기대했던 것에는 못 미쳤지만, 이만하면 활동할 수 있는 금액이었습니다.

"환한 대낮에 은행 강도!"

다음 날, 중국 전체가 발칵 뒤집혔습니다. 일본은 중국에 강력히 항의했습니다. 경비가 삼엄해 안전하다고 여겼던 조계지에까지 은행 강도가 나타나자 중국 경찰은 크게 놀랐습니다. 중국 정부는 모든 경찰을 동원했습니다.

금고를 열라고 실랑이 안 한 것이 천만다행이었습니다. 은행을 빠져나간 바로 2, 3분 뒤에 경찰이 출동했으니까요. 그리고

30분 뒤에 일본 조계지 전역에 비상경계망을 내린 것입니다. 조금이라도 머뭇거렸다가는 잡힐 뻔했습니다. 중국과 일본은 은행 강도가 누군지 끝내 밝혀내지 못했습니다.

독립운동가들은 아무리 돈이 급해도 일본의 은행조차 터는 일이 없었습니다. 자칫하다가는 독립운동가들이 '도둑'이라는 욕을 먹을 수 있기 때문입니다. 이회영이 이 일을 내키지 않아 했던 이유도 여기에 있었습니다. 그럼에도 불구하고 은행을 털 수밖에 없었던 것은 만주에서 날아 온 소식 때문이었습니다.

김종진은 천진에서 이회영을 만난 다음, 만주에서 김좌진 장군의 독립군 부대로 들어갔습니다. 당시 김좌진 장군은 신민부라는 독립군을 이끌고 있었습니다. 그러나 신민부의 간부들은 서로 의견이 맞지 않았습니다. 김종진은 아나키즘이야말로 이들을 하나로 뭉칠 수 있는 사상이라고 주장했습니다.

"그건 외국의 사상이 아닌가. 우리 민족에게 맞는 것이어야 하네."

처음에는 이렇게 주저하던 김좌진도 결국 사촌 동생인 김종진의 주장을 받아들였습니다. 그리고 이들은 '재만조선무정부주의자연맹'이라는 단체를 만들었습니다. 김종진은 이 소식을 이회영에게 알리고, 동지들이 하루빨리 만주로 와 줄 것을 부탁했습니다. 이회영은 크게 기뻐했으나 자금이 없었습니다. 그래서 결국 일본인들의 돈이 예금된 은행을 털게 된 것입니다.

일 분 일 초를 다투는 급한 상황이었지만 이회영은 딸 규숙을 결혼시켰습니다. 규숙의 남편도 독립운동을 하는 젊은이였습니다. 이회영은 만주로 먼 길을 떠나는 딸에게 보호자가 있어야겠다고 생각한 것입니다. 두 사람은 촛불만 켜 놓고 결혼식을 올렸습니다.

많은 인원이 같이 움직이면 의심을 받을 것이므로 세 무리로 나누어 출발했습니다.

"나는 규창이와 함께 상해로 가겠네. 김종진 군과는 이미 계획을 세웠으니, 자네들이 그리로 가면 바로 행동을 할 수 있을 걸세. 상해에 가서 오랜만에 동지들을 만나고 뒤를 따라가겠네."

"아버님, 저희 먼저 떠나겠습니다. 만주에 오실 때 조심해서 오세요."

규숙은 아버지의 손을 꼭 잡았습니다. 그러나 그것은 아버지와 딸이 함께하는 마지막 모습이었습니다.

만주에 간 사람들은 김종진의 뜨거운 환영을 받았습니다. 그런데 이들이 도착하기 전에 김좌진 장군이 암살당했습니다. 그런 바람에 김종진 혼자 독립군을 이끌고 있었는데. 동지들이 모이자 큰 힘이 되었습니다. 독립군은 다시 기지개를 펴고 일본군과 싸우기 시작했습니다. 하지만 그런 활기찬 기운도 몇 달 가지 못했습니다.

일본과 중국이 전쟁을 시작한 것입니다. 일본은 자기들이 몰래 철로를 파괴한 뒤. 중국 짓이라고 우기며 만주를 침략했습니다. 일본 군대가 대대적으로 만주로 들어오자. 독립군들은 더 멀리 떠나야 했습니다. 엎친 데 덮친 격이라고 김종진도 정체를 알 수 없는 사람들에게 암살당했습니다.

만주로 갔던 사람들은 눈물을 머금고 돌아올 수밖에 없었습니다. 그들이 향한 곳은 이회영이 있는 상해였습니다. 그러나 규숙을 비롯한 몇몇 사람들은 만주에 남아 새로운 독립군 부대로 들어갔습니다.

돌아오지 못한 만주행

　이회영은 상해를 방문했습니다. 1919년 임시정부를 세울 때 머문 적이 있으니 10여 년 만이었습니다. 상해는 여전히 활기 넘치는 국제 도시였습니다.
　이회영은 상해로 가 있던 아들 규학과 임시정부에서 활동하는 동생 이시영을 만났습니다. 그러나 보고 싶었던 신채호는 만날 수 없었습니다. 무장 투쟁 자금을 준비하려고 대만에 갔다가 체포되어 여순 감옥에 갇혀 있었기 때문입니다. 이회영은 걱정이 앞섰습니다.
　'단재는 몸이 약한데…… 일본 놈들의 잔인한 고문을 무사히 견딜 수 있을까?'

이회영이 상해에 도착하자, 임시정부는 크게 반기며 환영식을 열었습니다.

"우당 선생님이 오셨으니 독립운동의 앞길이 환해질 것입니다."

당시 임시정부 주석은 김구였습니다. 김구는 이회영에게 임시정부에 들어와 달라고 부탁했습니다. 이시영은 물론 이동녕과 조소앙도 같은 마음이었습니다. 그러나 이회영은 만주에서 뜻을 이루지 못한 동지들을 모으기 위해 정신이 없었습니다.

1931년 9월, 이회영은 이들과 함께 상해에서 '남화한인청년연맹(남화연맹)'이라는 단체를 만들었습니다. 사람들은 이회영을 의장으로 추대했습니다.

"장래에 조직을 이끌어 갈 사람은 여러분이니, 여러분 중에서 지도자가 나와야 한다는 것이 내 생각이오."

높은 지위나 자리에 관심이 없는 이회영은 유자명을 추천했습니다. 남화연맹은 일제와 무장 투쟁을 선언하고, 비밀 조직인 '흑색공포단'을 만들었습니다. 일본인들을 공포에 몰아넣겠다는 것이었습니다. 이름 그대로, 흑색공포단은 상해에 사는 일본인들을 공포에 빠뜨렸습니다. 암살, 일본 영사관 폭파,

일본 화물선 폭탄 투척 사건이 며칠 사이로 연달아 터졌습니다. 흑색공포단의 활약이 널리 알려지자, 일제를 미워하는 중국인들이 자금과 무기를 대 주었습니다.

그러나 1932년 4월, 일제는 만주를 차지하고 상해까지 점령했습니다. 일제는 상해의 홍구공원에서 승전 기념식을 열었습니다. 흑색공포단이 이를 그냥 지나칠 리 없었습니다. 임시정부에서도 윤봉길을 행사장에 보내 폭탄을 투척하기로 했습니다. 그러나 흑색공포단 단원은 기념식장 출입증을 구하지 못했습니다.

꽝! 꽝!

1932년 4월 29일 오전 11시. 일본인 차림으로 무사히 행사장에 들어간 윤봉길은 단상에 폭탄을 던졌습니다. 순식간에 일본군 총사령관을 비롯한 많은 일본 군인들이 목숨을 잃었습니다.

"우리 손으로 놈들을 처치했어야 하는데······."

행사장 밖에서 폭탄 소리를 들은 흑색공포단은 한편으로 아쉬워했습니다. 일제는 윤봉길 의사의 배후로 남화연맹을 의심했습니다. 아무 죄가 없는 상해의 한인들이 많이 잡혀갔습니다. 그러자 김구 주석이 성명을

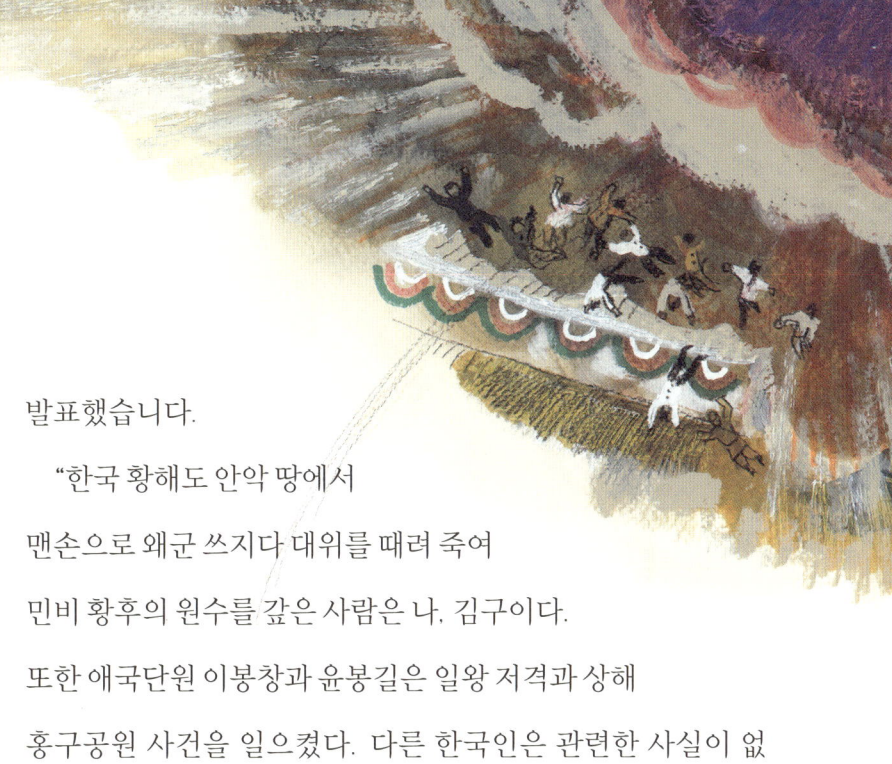

발표했습니다.

"한국 황해도 안악 땅에서 맨손으로 왜군 쓰지다 대위를 때려 죽여 민비 황후의 원수를 갚은 사람은 나, 김구이다. 또한 애국단원 이봉창과 윤봉길은 일왕 저격과 상해 홍구공원 사건을 일으켰다. 다른 한국인은 관련한 사실이 없다."

진짜 범인을 알게 된 일제는 임시정부 사람들을 잡으려 했으나, 이미 자리를 뜬 상태였습니다. 이회영도 상해의 한 비밀 장소에 몸을 숨겼습니다. 일제가 점령한 상해에서 독립운동은 더욱 어려워졌습니다. 이회영은 다시 만주를 떠올렸습니다.

"만주사변을 일으켜 만주를 점령한 일본이 그곳에 만주국을 세웠다. 일본에 대한 중국인들의 감정이 좋을 리 없다. 그렇다. 이 기회에 만주에서 다시 독립운동의 불씨를 지피자!"

이회영은 몰래 중국군 장교를 만났습니다.

"일본이 중국을 침략했습니다. 그러므로 한국과 중국이 힘을 합쳐야 합니다. 우리는 언제든지 전쟁이 한창인 만주로 달려갈 준비가 되어 있습니다. 하지만 안타깝게도 우리에게는 무기와 자금이 없습니다."

"윤봉길 의사처럼 용기 있는 조선의 독립운동가들이 힘을 보탠다면 우리로서도 일본과 전쟁을 하는 데 큰 도움이 될 것입니다. 만주의 의용군 사령관에게 연락하여 자금과 무기를 지원하도록 하겠습니다."

바로 이회영이 기다리던 말이었습니다. 의용군은 우리나라 독립군처럼 중국인들이 스스로 만든 군대였습니다. 며칠 뒤에 기다리던 답이 왔습니다. 만주의 의용군이 무기와 자금을 지원하겠다는 것입니다. 대신 이회영이 직접 만주로 와 줄 것을 요청했습니다. 이회영이 만주에 사는 한국인들에게 가장 존경받는 인물이라는 사실을 의용군 사령관도 잘 알고 있었습니다. 이회영은 동지들을 불러 모았습니다.

"사람은 누구나 원하는 목표가 있네. 이를 이루면 행복하겠지만, 그러지 못 해도 노력하다 죽으면 이 또한 행복 아닌가. 내 나이 예순을 넘어 일흔을 바라보네. 일제가 이 나라를 빼앗은 뒤로 수많은 청년들이 목숨을 돌보지 않고 있는데. 이대로 세월을 보내며 늙어 죽는 게 내가 가장 부끄럽게 여기는 것이라네."

많은 사람들이 반대했습니다.

"안 됩니다. 선생님. 가다가 발각되면 큰일을 당하십니다. 저희들이 가겠습니다."

그러나 노인의 결심을 꺾을 수 없었습니다. 사실 만주에서 그런 일을 제대로 할 수 있는 사람은 이회영밖에 없었습니다. 동포들과 독립군들을 누구보다 잘 알고 있는 인물이며, 중국 의용군 사령관도 이회영이 만주에 올 것을 부탁했으니까요.

이회영은 남화연맹 동지들과 몇 가지 계획을 세웠습니다. 그 중에는 일본 관동군 사령관 암살 계획도 있었습니다.

"선생님께서 굳이 만주로 가시겠다면. 더 이상 말리지 못하겠습니다. 다만 그곳에 가신다는 사실을 누구에게도 말씀하지 마십시오."

"그 점은 걱정하지 말게."

말은 그렇게 했지만. 떠나기 전에 꼭 만나야 할 사람이 있었습니다. 형 이석영이 북경에서 상해로 왔기 때문입니다. 여든에 가까운 노인이 된 이석영에게 인사를 안 할 수는 없었습

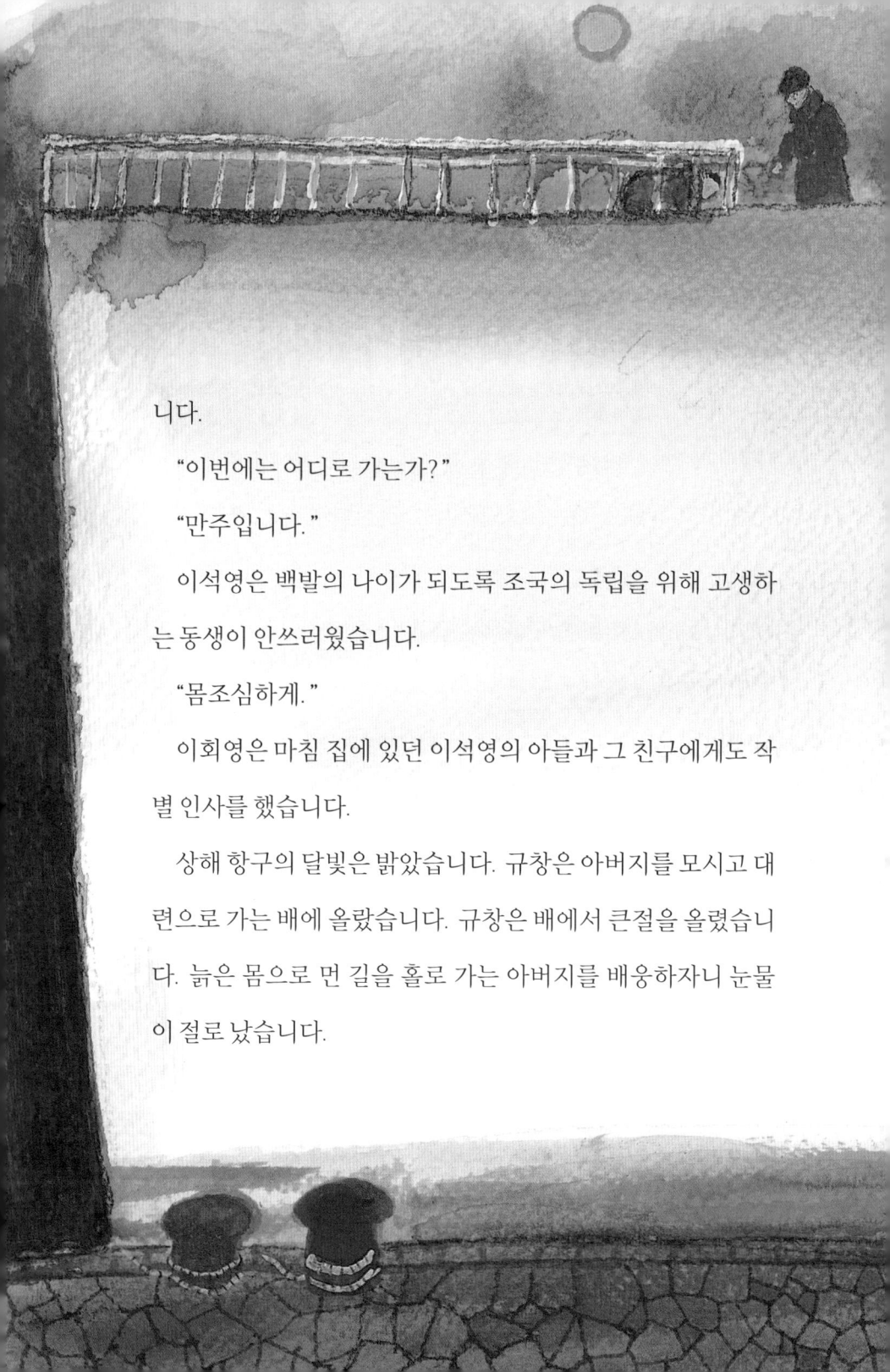

니다.

"이번에는 어디로 가는가?"

"만주입니다."

이석영은 백발의 나이가 되도록 조국의 독립을 위해 고생하는 동생이 안쓰러웠습니다.

"몸조심하게."

이회영은 마침 집에 있던 이석영의 아들과 그 친구에게도 작별 인사를 했습니다.

상해 항구의 달빛은 밝았습니다. 규창은 아버지를 모시고 대련으로 가는 배에 올랐습니다. 규창은 배에서 큰절을 올렸습니다. 늙은 몸으로 먼 길을 홀로 가는 아버지를 배웅하자니 눈물이 절로 났습니다.

1932년 11월 13일, 대련에 도착한 이회영 일행이 배에서 내릴 준비를 하고 있었습니다. 그런데 일본 경찰이 앞을 가로막았습니다.

"신분증을 보여 주시오."

이회영은 중국인 신분증을 보여 주며 가족들을 만나러 간다고 했습니다. 그러나 경찰 옆에 선 어떤 사람이 귓속말로 속삭였습니다.

"거짓말하지 마라. 너는 조선인 이회영이지!"

일본 경찰은 그 자리에서 이회영 일행을 체포했습니다. 이회영은 순간 무엇인가 잘못되었다고 느꼈습니다.

"동지들은 그냥 나를 따라 온 것이라 하고, 모든 것은 내가 알고 있다고 하시오."

경찰서로 끌려가면서 재빨리 속삭였습니다.

"만주에는 무슨 일로 왔는가?"

"가족을 만나기 위해 왔다."

"거짓말 마라. 너 같이 위험한 인물이 만주에 왔을 때는 다른 목적이 있겠지."

이회영은 전에도 체포되었다가 풀려난 적이 여러 번 있었습니다. 그때마다 증거가 없으므로 그들도 할 수 없이 풀어 주었는데, 이번에는 사정이 달랐습니다. 일본 경찰은 뭔가 눈치를 챈 것 같았습니다. 더욱이 이회영에게는 현상금이 걸려 있었습니다. 이번에는 쉽게 빠져나갈 수 없을 것 같았습니다.

"헤이그에 이상설을 밀사로 보내도록 고종에게 말한 자가 너였지? 신흥무관학교에서 군사교육을 왜 시켰나? 김달하를 죽인 자도 너지?"

이회영은 모른다고 잡아뗐습니다.

"네놈이 여기 온 이유를 우리가 모르는 줄 아나. 독립군을 모아 대일본제국에 대항하려는 수작이지. 윤봉길처럼 관동군 사령관을 죽이러 왔잖아! 이 영감, 말로 해서는 안 되겠군."

'이들이 어떻게 알았지?'

이회영은 속으로 깜짝 놀랐습니다.

'아, 어디선가 정보가 샜구나.'

이회영은 여순감옥으로 보내졌습니다. 여순감옥은 안중근 의사가 처형당한 곳입니다. 그리고 이회영이 왔을 때에는 신채호도 수감 중이었습니다.

이회영은 고문실로 끌려갔습니다. 몸이 십자형틀에 묶였습니다. 이회영은 죽음을 예감하고, 담담히 받아들이기로 마음먹었습니다.

경찰이 쇠몽둥이로 힘껏 내리쳤습니다.

"윽!"

단 한 번에 살이 터지고 뼈가 으스러졌습니다. 매질이 계속되었습니다. 기절하면 찬물을 끼얹어 깨우고, 다시 매를 퍼부었습니다. 거꾸로 매달고 고춧가루 탄 물을 눈과 코와 입에 부었습니다. 긴 대나무 꼬챙이로 찔린 손톱들과 발톱들은 성한 것이 없었습니다. 나흘 동안 잠도 안 재우고 잔인한 고문을 했습니다. 노인의 몸으로 이런 고문을 이겨 내기란 불가능했습니다. 그러나 이회영은 끝까지 입을 다물었습니다. 그것이 자신이 할 수 있는 마지막 독립운동이었기 때문입니다.

"휴. 정말 지독한 영감탱이야."

기절해서 바닥에 너부러진 이회영을 보고 경찰이 잠시 매질을 멈추었습니다. 몸은 이미 피투성이가 되어 옷과 피부가 구별이 안 될 정도였습니다. 뼈가 부러져서 몸도 뒤틀려 있었습니다.

잠시 숨을 돌린 경찰이 찬물을 끼얹었습니다. 하지만 이회영의 몸은 움직이지 않았습니다. 발로 차도 꿈쩍하지 않았습니다. 오로지 조국의 독립을 위해 바친 예순여섯 해의 파란만장한 삶은 그렇게 최후를 맞이했습니다. 1932년 11월 17일의 일이었습니다.

이회영의 죽음을 확인한 일본 경찰은 남몰래 시신을 경찰서로 옮겨 놓았습니다. 이튿날, 각 신문마다 그의 죽음을 크게 알렸습니다.

"경찰서에 갇혀 있다 자살한 이상한 노인. ○○운동의 중대 인물."

일제는 이회영이 자살했다고 속인 것입니다. 소식을 듣고 달려온 규숙이 가장 먼저 본 것은 아버지의 부릅뜬 두 눈이었습니다. 눈을 감지도 못하고 돌아가신 아버지를 보고 규숙은 그 자리에 주저앉고 말았습니다. 두 눈을 감기면서 몸을 살펴보았는데, 얼마나 많은 매질을 당했는지 성한 곳이 한 군데도 없었습니다. 두꺼운 솜옷 밖으로 새어 나올 정도로 피를 많이 흘렸습니다. 경찰들은 고문한 증거를 없애기 위해 규숙을 다그쳐 시신을 화장하게 했습니다.

이제나저제나 하며 상해에서 소식을 기다리던 아들에게 온 것은 편지가 아니라 전보였습니다.

"11월 17일, 부친이 경찰서에서 사망"

청천벽력의 소식에 상해의 독립운동가들은 목놓아 울었습니다.

"이대로 세월을 보내며 늙어 죽는 게 내가 가장 부끄럽게 여기는 것이라네."

상해를 떠나기 전에 했던 말 그대로 이회영은 조국을 위해 자신의 목숨도 돌보지 않았던 것입니다.

이회영의 유해는 평양을 거쳐 개성에 도착했습니다. 가족들과 이정규, 여운형, 변영태 등 독립운동가들이 보는 앞에서 영결식이 행해졌습니다.

"님이 꿈에 오색 비단 옷을 입으시고 문으로 들어오는데 이 세상 사람 같지 않더라. 내가 반겨서 당신을 따라가겠다 하니 말씀하시길, '아직은 나 있는데 못 온다.' 하시고 홀연히 가시는지라 놀라서 깨니 꿈이더라. 일생을 독립운동에 바치시고 일편단심으로 '우리 조국, 우리 민족' 하시고 지내시다가 새 나라를 건설치 못하시고 운명하시니 슬프도다. 이 많은 한을 무슨 말로 위로하오리까!"

부인 이은숙이 애절하게 제문을 읽자, 그 자리에 모인 사람들이 모두 흐느꼈습니다.

이회영은 개성에 있는 선산에 묻혔습니다. 겨레의 독립을 위해 일생을 바쳤으나, 눈을 감고 나서야 조국으로 돌아온 것입니다.

| 뒷이야기 |

남은 사람들

　이회영의 죽음은 아무래도 석연치 않았습니다. 대련에서 일본 경찰이 이회영을 정확히 체포한 것은 그가 온다는 사실을 알고 있었다는 증거였습니다.
　"밀정의 짓이 아니면 불가능하다."
　이 일을 함께 계획했던 남화연맹은 처음에는 이런 소문을 믿지 않았습니다. 워낙 보안을 철저히 했기에 밖으로 샐 일이 없었던 것입니다. 그러나 소문이 꼬리에 꼬리를 물면서 아무개 짓이라는 이름까지 나왔습니다. 남화연맹은 다시 조사했습니다. 이회영이 만주로 간다는 사실을 아는 사람은 남화연맹 단원을 제외하고는 이규창과 이석영, 단 두 사람뿐이었습니다.

"그러실 분들이 아니지 않는가?"

"아냐. 말 못할 사연으로 놈들의 유혹에 넘어갈 수도 있을 거야."

남화연맹은 심지어 형 이석영과 아들 규창까지 의심했던 것입니다. 그러다가 이회영이 작별인사를 하러 갔을 때 이석영의 집에 또 다른 두 사람이 있었다는 사실을 알았습니다. 바로 이석영의 아들과 아들의 친구였습니다. 남화연맹은 뒤를 캤고, 놀랍게도 그 둘이 일제의 밀정이라는 사실을 밝혀냈습니다. 며칠 뒤, 상해 변두리의 인적이 드문 벌판에서 처형이 있었습니다.

이석영은 헤어날 수 없는 충격에 빠졌습니다. 누구보다 아끼던 동생의 죽음이 자기 아들과 관계되었고, 또 그 아들은 독립군에 의해 죽임을 당했기 때문입니다. 첫째 아들이 다물단의 임무를 행하다가 행방불명이 된 지도 벌써 2년이 넘었습니다. 이석영은 삶의 의욕을 잃었습니다. 사람들과 만나는 걸 피하고 늙은 몸 홀로 골방에서 지냈습니다.

이석영이 없었다면 신흥무관학교는 빛을 보지 못했을 것입니다. 독립운동가치고 그에게 신세를 안 진 사람이 거의 없었

습니다. 병이 들어 고국에 돌아갔을 때에도, 금강산 구경 간다며 거짓말을 하고 다시 만주로 돌아와 독립운동을 할 만큼 의지가 굳센 인물이었습니다. 그러나 여든 살이 되던 1934년, 그는 상해 뒷골목의 초라한 방에서 쓸쓸히 죽음을 맞이했습니다.

"석영 선생은 아름다운 덕을 지니셨고 절개를 사랑하신 분이었다."

김구 주석은 임시정부 사람들과 돈을 모아 장례비로 쓰고, 그의 죽음을 크게 슬퍼했습니다.

이회영의 다른 형제들은 어떻게 되었을까요? 맏형 이건영은 만주에서 몸이 약해져 조국으로 돌아와 요양을 하며 선산을 돌보다가 1940년에 죽었습니다. 신흥

무관학교 교장을 맡았던 셋째 이철영 또한 병으로 죽었습니다. 막내인 이호영은 독립운동을 하다 갑자기 연락이 끊겼는데, 나중에야 일가족 모두가 일본 경찰에게 무참히 살해되었다는 사실이 밝혀졌습니다. 육 형제 중에서 오직 다섯째 이시영만이 조국의 해방을 맞이했습니다.

1945년 11월 23일, 대한민국 임시 정부 요인들은 벅찬 마음으로 조국의 땅을 밟았습니다. 그러나 이들 가운데 중절모를 쓴 한 노인은 조국의 땅을 바라보며 슬픔에 젖었습니다. 형제들이 그토록 바라던 해방을 혼자 맞이하는 그의 심정을 아무도 알 수 없었습니다. 이시영은 대한민국 정부 초내 부통령을 지냈습니다. 그러나 이승만의 독재 정치와 부정부패를 막지 못한 것에 책임을 지고 부통령직을 그만두었습니다. 그것은 불의에 타협하지 않는 가문의 전통이었습니다. 이시영은 한국전쟁이 막바지에 이를 무렵인 1953년 4월, 노환으로 삶을 마쳤습니다.

독립을 이루기 전, 임시정부는 외교적인 노력만으로 어렵다는 판단을 하고 항일 무력 투쟁에 본격적으로 뛰어들었습니다. 1940년에 광복군을 창설한 것입니다. 광복군 사령관은 신흥무관학교에서 군사 교육을 맡았던 지청천이었습니다. 또한 만주 일대에서 활약하던 독립군들은 중국 및 러시아의 군대와 연합하여 전투를 했습니다.

1945년 8월 15일, 드디어 일본이 항복했습니다. 그런데 대한민국이 비록 승전국은 아니었지만 역사 앞에서 떳떳할 만한 이유가 있었습니다. 그것은 기나긴 세월 동안 나라 안에서 숱한 고난을 겪었던 애국지사들과, 나라 밖에서 총을 들고 일제와 싸우며 흘린 독립군들의 피가 있었기 때문입니다. 이회영이 무장 투쟁을 그토록 강조했던 이유도 바로 여기에 있었습니다.

그러나 해방을 맞이한 조국의 상황은 이회영의 바람과는 정반대로 나아갔습니다. 우리 민족이 남과 북으로 갈려 서로 총부리를 겨누게 된 것입니다. 독립의 뜻을 하나로 모으지 못하고, 강대국들의 구도에 따라 갈라지게 된 것입니다.

이회영 선생님은 모든 사람이 자유롭고 평등한 새로운 나라를 꿈꾸었습니다. 가장 어둡던 시기에도 독립군들을 일일이 찾아다니며 하나로 뭉쳐야 한다고 간절하게 호소했습니다. 하지만 지금 이회영 선생님이 하늘에서 분단된 조국을 내려다본다면 어떤 심정일까요? 너무도 안타깝고 가슴 아파하시지 않을까요?

이회영 선생님이 이루지 못한 꿈을 이제는 우리들이 이어받아 하나된 나라를 이루어 내야 할 것입니다.

이회영 연보

▲ 우당이 태어난 집터 표석과 우당길

▲ 우당 초상화

▲ 헤이그 특사 3인

1867년
4월 21일 서울시 중구 저동에서 이유승의 넷째 아들로 태어남.

1901년
기울어가는 나라를 구하기 위해 자금이 필요하여 개성 부근 풍덕에서 인삼 밭을 경작. 일본인이 계획적으로 인삼을 노략질하자 법정 투쟁을 하여 승소. 고종이 탁지부 판임관이라는 벼슬을 내렸으나 사양함.

1905년
나라의 권리를 되찾기 위해 이상설, 이시영 등과 을사조약을 막기 위한 운동을 벌였으나 뜻을 이루지 못하고, 을사오적 암살을 계획했으나 실패.

1906년
이상설, 이동녕, 여준 등과 해외에 독립운동 기지를 건설하기로 계획하고, 이상설을 용정으로 파견하여 서전서숙을 세움.

▲ 우당 육 형제의 초상화

1907년
헤이그 만국평화회의에 대표를 보내자고 고종에게 건의하여 허락을 받음.
최초의 독립운동 비밀 조직인 신민회를 조직.

▲ 옛날 상동교회

1908년
서울 상동교회에서 이은숙과 한국 최초로 신식결혼을 올림.

1910년
강제로 한일합병이 체결되자 여섯 형제와 식구들, 일꾼들까지 압록강을 건너 만주의 유아현 삼원보로 망명.

▲ 비밀서신과 봉투

1911년
원세개 총통과 회담하고 통화현 합니하에 독립군 기지 설치. 이동영, 장유순과 함께 동지들을 모아 경학사 조직.

1912년
경학사를 기반으로 신흥강습소(나중에 신흥무관학교로 이름을 바꿈)를 세움.

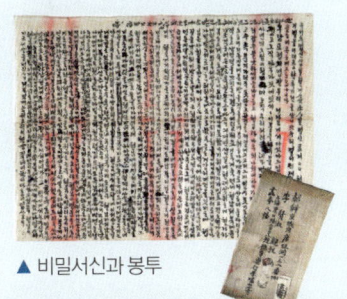

▲ 독립군 모금 영수증

▲ 경학사 취지서

▲ 북로군정서

▲ 1920년 유하현에서

1913년
독립운동 자금을 모으기 위해 귀국.

1918년
비밀리에 고종의 망명 계획을 추진.

1919년
고종이 서거하자 고종의 국장을 계기로 대규모 독립 선언 계획.
상해 임시정부에 참여했으나 분열된 모습에 실망. 북경으로 와서 새로운 독립운동의 방향을 고민함.

하와이 국민보에 기고 ▲

1922년
획일적인 사상과 권력 구조에 반대하는 '행동하는 자유주의' 아나키스트 운동을 시작.

관동군 사령부 ▲

1924년
김창숙, 신채호, 김원봉 등과 적극적 항일운동을 위해 행동 조직인 의열단 후원.
이정규, 이을규 등과 아나키스트 운동의 중심이 될 재중조선무정부주의자연맹을 조직.

1922年，李会荣与北京大学讲师鲁迅（周树人），朝鲜青年作家李乙奎（晦观），在北京大学校园内一起研究主义问题.

우당과 노신의 만남 ▲

1925년
조카 이규준, 아들 이규학 등 신흥학우단이 중심이 되어 행동 조직인 다물단을 조직. 일제의 밀정인 김달하를 암살.

▲ 만주로 떠나기 직전의 우당

1929년
재만조선무정부주의자연맹을 조직하고, 김좌진 장군이 추진하는 '재만한족연합회' 조직을 후원.

1931년
일본이 일으킨 만주사변으로 독립운동이 침체되자 상해로 모인 동지들을 결합하여 남화한인청년연맹 조직. 비밀 행동 조직인 흑색공포단 조직.

1932년
만주에 항일의용군을 조직하고 독립운동 기지를 건설할 계획을 세우고 대련으로 갔다가 체포됨. 모진 고문 끝에 66세를 일기로 11월 17일 순국.

▲ 동아일보에 실린 순국 기사

여순감옥 ▲

▲ 해방을 맞아 상해 비행장에서

1948년 이시영 부통령 취임식 ▲